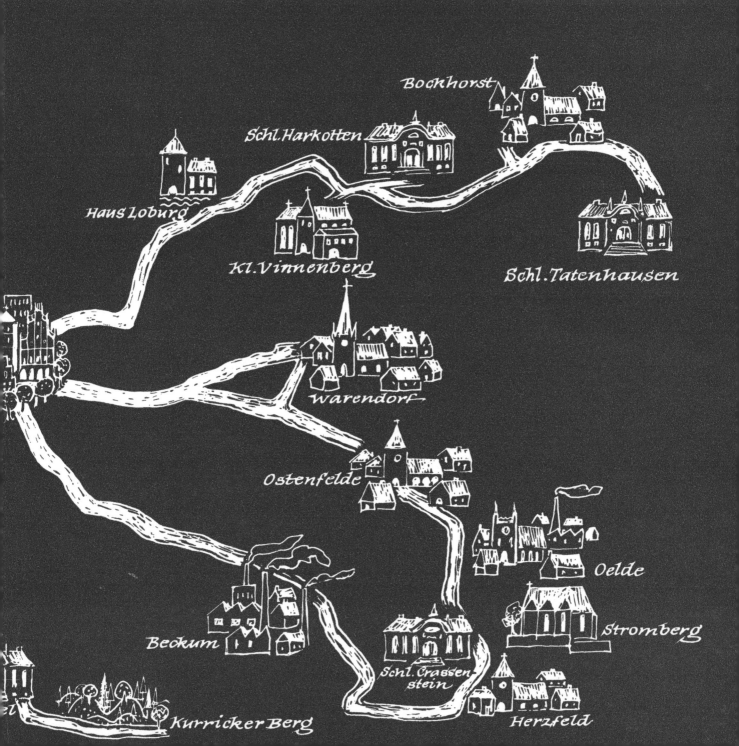

Rainer A. Krewerth

ZU GAST IM MÜNSTERLAND

Kleine Paradiese an stillen Nebenwegen

Mit Aufnahmen
von Bernhard Preker

5. Auflage

ASCHENDORFF

Loburg, Vinnenberg und Harkotten

SCHÜTZENFESTE, EINE OASE UND BAROCKE TUPFER

Der Wirt kennt jedes Schützenfest. Im Umkreis von gut und gerne dreißig Kilometern ist keine Majestät ihm fremd, und es gibt im Sommer Unmengen von Majestäten. »So'n gut Wiär äs dütt Jaohr häwwt wi to Schützenfest nie hatt!«, freut er sich und rollt mit den Augen. In seliger Erinnerung fügt er hinzu: »Mein Chott, wat sin ick dick west...« Ich sitze in einer Landkneipe irgendwo zwischen Ostbevern, Milte und Füchtorf. Eine halbe Stunde bieten sommerliche Festesfreuden bunten Gesprächsstoff. Der Briefträger, einziger Gast außer mir, beschäftigt sich angelegentlich mit Bier und Korn, wischt unzählige kleine Schweißperlen von der roten Glatze und wirft bedächtig plattdeutsche Beiträge in die Debatte. Als ich gehe, weiß ich, daß ein König aus der Nachbarschaft »heiraten muß«. Schützenfeste sind hier noch Lebenselixier, detailgespickter Gesprächsstoff, fast so ergiebig wie das Wetter oder die Ferkelpreise.

Steuern wir zunächst die Loburg an. Über die B 51 geht es kurz vor Telgte ab nach Ostbevern. Am Ende des Musterdorfes, hinter dem Ortsschild, zweigt der Weg scharf links ab zum Wasserschloß derer von Beverfoerde. Drei Jungen – hoch zu Stahlroß – kommen mir entgegen, ND-Wimpel am Rad, sonntäglich gekleidet. Auf der Loburg erfahre ich, warum ein Schlips sie schmückt: Die Abiturienten werden verabschiedet. Das Schloß ist heute Mittelpunkt eines bischöflichen Konvikts. 1760 hat der berühmte Schlaun es gebaut. Anderthalb Jahrhunderte später brannte es ab und wurde neu errichtet. Mitten in einem weitläufigen, romantisch verwilderten Park liegt der mächtige Bau, umzogen von einer Gräfte, flankiert von alten Wirtschaftsgebäuden und modernen Schulhäusern. Die Loburg, kaum bekannt, ist kein kunsthistorisch bedeutender Platz. Aber einen Besuch ist sie wert. Am Abend spielen vor den Fenstern der hinteren Räume Kaninchen und Hasen. Wie auf dem Präsentierteller bauen sie Männchen, als ob das eine Selbstverständlichkeit wäre.

Zurück denselben Weg, weiter nach Vinnenberg. Die Reise geht über Milte, immer auf kaum befahrener Landstraße. Kurz vor dem Dorf, etwa zwei Kilometer, bietet ein idealer Rastplatz sich an: der »Goldene Pflug«, bekannt für seine gute Küche. Der Wirt verrät mir, daß ganz in der Nähe eine Reiherkolonie liegt, eine der letzten des Landes. Seine genaue Erklärung läßt mich die Horste leicht finden: das Naturdenkmal im Wald, dicht bei der Straße ein Überbleibsel aus der Zeit, als die Bodenkultivierung Fauna und Flora noch nicht beeinflußte.

In Milte biege ich mitten im Ort links ab und fahre nach Vinnenberg. Auf den Großstädter wirkt die Ruhe beinahe unwirklich. Jetzt – unter der Woche – ist das Kloster eine Oase, in der sich just keine Karawanen aufhalten. Die kommen vornehmlich am Wochenende, denn Vinnenberg mit seinen Gebäuden aus dem 17. und 18. Jahrhundert ist Wallfahrtsort. Wobei »Ort« arg übertrieben ist: Kloster, Kirche, Gasthaus »Zum kühlen Grunde«, zwei, drei Häuser, ein verträumter Teich mit großem Mühlrad und Schluß. In schattiger Kühle liegt der Flecken, die Mittagssonne fällt in Strahlen durchs Geäst. Der »Kühle Grund« ist mir

*Es wird und war. Es war und wird.
Aus Kälbern werden Rinder
und, weil's zur Jahreszeit gehört,
aus Küssen kleine Kinder.*
Erich Kästner

Unter schützende Bäume geduckt, hinter hohem Getreide versteckt: Fachwerkkneipe am Wald bei Milte

< Ein Fleckchen der Stille: eine alte Mühle beim Wallfahrtsort Kloster Vinnenberg im Kreis Warendorf

Grund zur Kühlung: Auf der Terrasse trinke ich etwas und bade ungeniert meine Füße im Teich. Bunte Enten betteln ohne Scheu.

Erfrischt trete ich in die dunkle Kirche. Gerade wechseln Benediktinerinnen sich ab: Die Schwestern halten Ewige Anbetung, wie ihre Vorgängerinnen das seit 1256 taten. Ihr größter Schatz war die »Muttergottes vom Himmelreich«. Bischof Galen holte sie nach Münster, als die Herren des Dritten Reiches die Nonnen vertrieben. 1943 wurde das Bildnis von Bomben zerstört.

Vor dem Wasserrad spricht eine alte Schwester mich an. Sie flüstert fast: Ob ich's hier auch so schön fände? Ich kann nur bejahen. Das Kloster an der Bever ist kein heroischer Platz wie Stift Melk, es hat nicht die Berühmtheit von Maria Laach. Seinen Reiz bezieht der Ort zwischen Feldern und Wäldern aus Stille und Bescheidung. Verschwenderische Pracht müßte hier grotesk wirken.

Verschwenderischem Prunk entnimmt auch unser nächstes Ziel nicht seine Schönheit. Aber im herben Münsterland sind schon schüchterne barocke Tupfer ein Kontrapunkt zur Landschaft. Von Vinnenberg fahre ich zur Landstraße zurück, halte mich links und folge bald rechter Hand dem Schild »Füchtorf 5 km«. Der Kirchturm des alten Dorfes im Moor grüßt herüber, am Horizont erscheint blau der Teuto.

Vorbei an Deutschlands einziger Schule für jagdliches Schießen führt die Straße. Ein waschechter Baron aus uraltem Adel lehrt hier Waidmänner und solche, die es werden wollen, die korrekte Bedienung der Flinte. Er stützt sich auf besondere Techniken, und die hat er in England erlernt. Eine rundum vornehme Sache also! Etwas seitwärts von Füchtorf komme ich auf die Hauptstraße. Das Doppelschloß Harkotten taucht auf. Ein kurzes Stück nach links, und ich bin da. Eine lange Allee führt zum letzten westfälischen Vorposten, ehe es ins nahe Niedersachsen geht. Vor dem Rundgang trinke ich bei Mutter Wächter im Gasthof Tönnishäuschen eine Tasse Kaffee. Unübersehbar liegt die gastliche Stätte am Eingang zur Allee.

Auf Harkotten, das jahrhundertelang die Geschicke der Gegend und vor allem des Dorfes bestimmte, leben zwei Adelsgeschlechter Rücken an Rücken. Vorher wohnten sie Seite an Seite unter einem Dach. Dem Fremden ist das eine Besonderheit im Westfälischen, und daß die Familien von Ketteler und von Korff im Anfang eins waren, ist schon so lange hin, daß daran kaum noch jemand denkt.

Im baubesessenen Barock gingen die von Kettelers an ihren Neubau, einen eigenen Herrensitz. Die geschwungenen Linien des Mittelbaus, große, helle Fenster und das leuchtende Rot des Dachs geben dem Schloß sein freundliches Gesicht. Wolken türmen sich im Blau des Himmels, die Gräften fangen das Blau wieder auf. Grüntöne von Wald und Wiese rahmen den Dreiklang: ein Monumentalgemälde von heiterer Lebensfreude. Kaum vorstellbar, daß in gepflegten Anlagen barocke Schäferspiele ihre Pracht einst entfalteten. Ernst und Strenge der Landschaft sind aufgehoben durch die münsterländisch verfremdete barocke Architektur, doch Schäferspiele hier, an dieser Stelle?

Verhalten und vornehm, breit hingelagert, aber weniger wuchtig schließt der Korffsche Teil von Harkotten sich an, Gegensatz zum heiteren Charakter des älteren Nachbarn. Das neuklassizistische Herrenhaus mit seinen jonischen Säulen, den gepflegten Gartenanlagen

Neuklassizistische Strenge und Verspieltheit der Natur – Haus von Korff auf Harkotten bei Füchtorf

und dem schmiedeeisernen Tor ist aber kein feindlicher Bruder. Das Besondere des Ortes erklärt sich aus der selbstverständlichen Einheit, die individuelle Verschiedenheit zusammenfaßt.

Die Kapelle, von bayrischen Könnern glückhaft renoviert, eint die Geschlechter, die sich mühen, der weitläufigen Anlage etwas vom Odium des Verfalls zu nehmen – den Wachttürmen und dem Gerichtshäuschen, der Zugbrücke, den Scheunen und der Mühle. Brennnesseln wuchern hoch zu undurchdringlichem Gestrüpp. Sie kontrastieren lebhaft zu adligen Wappen und den steinernen Zeugen alten Reichtums. Schlösser und Burgen sind ihren Besitzern heute eher eine Last, aber wo die Patina des Alters so gezaubert hat wie auf Harkotten, da kommen dem dankbaren Gast keine Gedanken über Rentabilität und Unterhaltskosten. Ein verträumtes Fleckchen Erde ist das. Die Zeit scheint stillzustehen zwischen uraltgrauem Gemäuer und immer frischen leuchtenden Teichrosen.

»Angeln verboten« steht ein Schild vorm Schloßgraben. Es holt mich in die Wirklichkeit zurück. Aber ich wollte auch nicht angeln. »Muuuh«, brüllt eine Kuh. Faul liegt sie in der Sonne und glotzt mich blöde an. »Muuuh«, geb' ich's ihr zurück. Ich muß lachen. Aber hier kann man getrost mit Kühen Zwiesprache halten, denn weit und breit ist kein Mensch zu sehen.

Es ist spät geworden, fast Abend. Münster, Loburg, Vinnenberg, Harkotten – ein Tagesausflug, neunzig Kilometer Fahrt etwa, Reise in eine Vergangenheit, in der die Gegenwart vor sich hinträumt. Über Milte geht's heimwärts, dort esse ich Abendbrot. Dann wähle ich die Nebenstrecke über Einen und Telgte. Fachwerkhäuser blinken aus graublaugrünem Korn. Es steht schon hoch auf dem Halm. Ich singe im Auto. Das Radio hat heute seinen freien Tag.

Das Mittelrisalit des Ketteler-Schlosses auf Harkotten bei Füchtorf ist ein schönes Beispiel barocker Baukunst im nordöstlichen Münsterland

Ostenfelde

SEKT AUF GRÜNER WEIDE, RAMZES UND DAS TAL DER LIEBE

Die Szene könnte aus einem Pop-Film stammen, doch in Ostenfelde wird sie als wahr kolportiert: Ein Millionär sitzt mitten auf grüner Weide vor einem Klapptischchen. Sein Chauffeur hat Sekt kredenzt. Er steht in standesgemäßer Entfernung. Der Chef trinkt. Singvögel zwitschern Prost. Die Bäume denken sich ihr Teil. Der Chauffeur auch.

Unser Millionär hat sich nicht von ungefähr nach Ostenfelde transportieren lassen. Auch der populäre Gastwirt aus dem Dorf, sein Partner in diesem Spiel, ist nicht der Hauptgrund. Die Natur hat ihn angelockt. Sekt fließt überall, doch nirgends romantischer als in dieser Umgebung.

Ein Junge stürzte aus einer hohlen Esche und schlug sich fürchterlich den Kopf kaputt. Das war, als ich – mehr Indianer als Quartaner – durch Ostenfeldes Büsche kroch. Heute fahre ich wieder hin, und das 2300-Seelen-Nest hat sich kaum verändert. 36 Kilometer von Münster liegt es, auf obstbaumgesäumter Landstraße über Wolbeck, Everswinkel, Freckenhorst, Westkirchen gut zu erreichen – ein Paradies im Tal. Denn ringsum widerlegen sanfte Hügelchen die Behauptung, das Münsterland sei platt wie ein Pfannekuchen.

Zentrum des Orts ist nicht die Kirche, auch wenn der Kirchenchor wichtigster Kulturträger ist. Das Prädikat »Dorfmittelpunkt« beansprucht der Margarethenplatz, lindenumstanden, mit fünf Kneipen bestückt, südliche Piazza im hohen Norden. Eine Idylle, wo man abends auf Holzbänken vor der Haustür sitzt und den Dorfschnack weiterträgt.

Tourismus ist noch ein Fremdwort, aber wenn es ihn gäbe, schmückte mit Sicherheit die 300 Jahre alte exakt-barocke Wasserburg Schloß Vornholz das Titelblatt des Ortsprospekts. Der stolze Adelssitz hat herbe Nachbarn: Wiesen und Weiden, wuchtige Eichen, uralte Wälder. Auf saftigen Koppeln wachsen siegverheißende Pferde heran: Das berühmte Gestüt des Freiherrn von Nagel hat einen Pferdebestand, der auch Laien ein Pfeifen der Bewunderung entlockt. Hier stand bis kurz vor seinem Tode der legendäre Schimmel Ramzes, ein stolzer Vererber, dessen kostbare Rasse über Generationen weitergetragen wird. Ich habe den klugen Hengst mit den schlanken Gliedern und den eleganten Bewegungen oft besucht. Kurz bevor er in den Pferdehimmel ging, habe ich ihn noch einmal bewundert. Er war alt geworden, stand ruhig in seiner Boxe – ein Urgroßvater, den hin und wieder schon das Zittern überfiel. Aber er war noch immer der König. Ein Pferd wie Ramzes wird selten geboren.

Weit und breit außergewöhnlich: Im Gestüt Vornholz dürfen Besucher in die Ställe. Den Sommer über freuen sie sich an Fohlen aller Schattierungen. Neugierig äugt der Nachwuchs über halb geöffnete Stalltore, von Kennern wohlgepflegt, von eifersüchtigen Pferdemuttis streng bewacht. Pferdeduft, erlesene Rasse, Schwäne auf der Gräfte, englischer Rasen im Park – ein Hauch von altem Adel, kostenlos für jedermann. Das Kavallerie-Museum im Seitenflügel von Vornholz ist als Nachspeise zu empfehlen, Glanz und Gloria feudaler Epochen, mit Kenntnis und Liebe für den gerngesehenen Gast drapiert.

Das Plattdeutsche kann alles sein: zart und grob, humorvoll und herzlich, klar und nüchtern und vor allem, wenn man will, herrlich besoffen...
Philologisch ist dem sehr schwer beizukommen; aber mit dem Herzen ist ihm beizukommen.
Kurt Tucholsky

< *Die Mittagssonne zaubert eine reizvolle Grafik in die Pappelallee zum Schloß Vornholz*

Auf Pferdekoppeln ein häufiges Bild im Münsterland: verdorrende Eiche bei Schloß Vornholz
Das von Nagelsche Gestüt auf Schloß Vornholz gehört zu den bekanntesten in Deutschland >

Bitteschön, lassen wir das Auto doch stehen! Auf dem Margarethenplatz, dem Schulhof oder auch an der Kirche. Auf ins Grüne. Vielleicht zur sumpfgesäumten Ruine der Nienburg, um die eifrige Heimatforscher einen schaurigen Kranz von Sagen geflochten haben. Oder auch zum Haus Masthoff. Besser noch zur Keuschenburg. Alles Außenstellen von Schloß Vornholz, zu erreichen über Wanderwege. Verliebten, Verlobten und natürlich auch Verheirateten empfiehlt sich besonders der Marsch zur Keuschenburg. Er führt durchs »Tal der Liebe«, gestattet sehr nützliche Umwege, ist gut zwei Kilometer lang, gilt als romantisch und soll Ehekonflikte auf ganz natürliche Art lösen helfen.
Wer gut zu Fuß ist, darf sich eben in Ostenfelde als König fühlen. Wie wär's mit dem uralten Römerweg, fünf Kilometer lang, verträumt, verwildert und unbeleckt von jeglichem Asphalt-Komfort! Nicht nur Fuchs und Hase, die nach Feierabend ein trautes Schwätzchen halten,

auch Rehe, selten gewordene Vögel und Schafherden finden sich dort. Da darf das Münsterland noch Münsterland sein, und bis heute wundert's mich nicht, daß ich als Junge im Römerweg beschloß, Schäfer zu werden. Ich bin's nicht geworden, aber ich bin nicht sicher, ob ich nicht noch umsatteln soll. Aufmerksam, still und selbstvergessen einen Schäfer zu beobachten, das kommt einem Abstecher in archaische Zeiten gleich. Da steht er in seinem Umhang, die schützende Hand überm Auge, gestützt auf den Stock: der Hirt. Vor ihm wurlen Schafe durcheinander, eifrig rennen die Hunde umher. Mit Romantik hat das wenig zu tun, hier geht einer sehr ernsthaft seinem Beruf nach. Daß das Bild soviel von seiner Selbstverständlichkeit verloren hat und zur Ansichtskarten-Idylle geronnen ist – das macht mir klar, wie weit wir uns vom Land entfernt haben, weiter als es in Kilometern auszudrücken wäre.

Wer wandert und mundfaule Schäfer zum Sprechen bewegen will, wird hungrig. Ostenfelde steht nicht im Baedeker, aber in meinem ganz privaten Reiseführer hat das Dorf drei Sternchen. Ich liebe deftige Speisen zu Friedenspreisen und kenne sechs Kneipen mit guter Küche. Sonderwünsche werden keineswegs mit muffigem Stirnrunzeln quittiert, und Speckpfannekuchen ist in Ostenfelde eine alltägliche Sache wie im Hilton Ameisen mit Schokoladeüberzug. Ob's gesetzeswidrige Preisabsprachen gegeben hat, weiß ich nicht, aber köstlicher Knochenschinken kostet überall dasselbe. Krönung der Schlemmerlust ist nach den Schlachttagen im Herbst allenthalben die frische Hausplatte, Kaleidoskop münsterländischer Schlachtwunder und streng gehüteter Hausrezepte. Das lukullische Maß vollzumachen, kostet nicht viel: Ein Glas Milch von glücklichen Kühen. Denn die gibt's hier auch.

Landluft will gründlich geschnuppert sein. Deshalb bleibt ‚wer schlau ist, ein Wochenende in Ostenfelde. Oelde liegt acht Kilometer nah, günstig für ein erfrischendes Bad am Sonntagmorgen. Nach passend temperierter Erquickung im modernen Freibad wählt der Wanderfreund den Rückweg durchs schaurig-schöne Geisterholz, wo einmal im Jahr Diplomaten um die Wette knallen und unter dem Patronat des jeweiligen Bundespräsidenten immer neue Rekorde im Hasentotschießen aufstellen.

Ein reicher, vielfältiger Baumbestand rahmt Schloß Vornholz ganz ein

Die Hotellerie ist in Ostenfelde kein beherrschender Wirtschaftszweig, aber immerhin bieten die Gastronomen einige Betten an. Wer länger da ist, stellt seine Füße am besten unter den Tisch bäuerlicher Privatpensionen. Kumpels und Manager aus dem Kohlenpott tun das seit Jahren. Es sind nur wenige, aber die wissen, warum sie kommen.

Beim Trinken fallen Barrieren, Verständigungsschwierigkeiten werden abgebaut. Ich habe mich vom äußersten Süden bis zum hohen Norden Europas willig unter dieses Gesetz gestellt, und warum sollte ich es ausgerechnet in Ostenfelde nicht tun! Auch in Schnaps und Bier ist Wahrheit, und Wahrheit ist, was mir ein gestandener Bauer vor einer Theke am Margarethenplatz verriet: »Ostenfelde, dat is dat herrlichste Flecksken Erde, dat use Herrchott makt hätt!« Er sagte das mit Inbrunst und in rauhem Platt, und da sprach ich plötzlich auch diese verläßliche Sprache und genierte mich nicht mehr und war endlich nicht mehr steifer Städter. Prost Platt, Prost Ostenfelde!

Freckenhorst und Warendorf

PILEPOGGEN, DIE GRAUE EMINENZ UND DER HALBEDELSTEIN

Im benachbarten Warendorf blickt man sie ein wenig spöttisch-blasiert über die Schulter an. Die Freckenhorster kämpfen gegen den uralten Schimpfnamen »Pilepoggen«, was soviel wie Quakfrösche bedeutet. Der Kampf der feindlichen Brüder kulminiert zweimal jährlich in Fußballschlachten, die eine Art nationaler Angelegenheit sind. Doch obgleich selbst Warendorfer, muß ich mich um der Objektivität willen auf Freckenhorsts Seite schlagen: Die Stiftsstadt mit ihrer älteren Geschichte braucht sich nicht zu verstecken. 1100 Jahre nachweisbarer Vergangenheit sind eine ganze Menge, und die fünftürmige Stiftskirche, der »Bauerndom des Münsterlands«, gehört in seiner herben Einfachheit zum Schönsten, was Westfalens Baukultur besitzt. Zwischen 1084 und 1129 errichtet, hat das mächtige frühromanische Bauwerk nach einfühlsamer Restaurierung seine Würde zurückgewonnen. Mit dem bedeutenden Taufstein von 1129 und der kühlen Krypta ist die Kirche mehr als nur einen flüchtigen Blick wert. Sie zwingt mit ihrer Umgebung – Schloß, Petrikapelle und Kreuzgang – zu Sammlung und Ruhe.

Freckenhorst ist eigentlich ein Zwitter, eins der Städtchen, die zwischen ländlicher Beschaulichkeit und industrieller Betriebsamkeit gemächlich vor sich hin leben. Der Ausflügler aus Münster wählt den 26 Kilometer langen Weg über Wolbeck, Alverskirchen und Everswinkel. Diese Route bietet sich für die Hinfahrt an. Parkraum findet sich am Markt dicht bei der Kirche, zentraler Aufmarschplatz für Schützen- und Kriegerverein.

Lassen wir die Ergüsse des lokalstolzen Heimatforschers beiseite, der mir jüngst weismachen wollte, Freckenhorst sei schlechthin einzigartig. Sehen wir uns in Ruhe die Stiftskirche an und tun dann etwas für Magen und Gaumen. Ich empfehle den »Stiftshof« und die »Bürgerstuben«. Hier ist »Das Beste aus Küche und Keller« noch nicht Phrase. Bürgerliche Preise gestatten Genuß ohne Reue.

Nach münsterländisch-kerniger Stärkung tun sich Wandermöglichkeiten die Fülle auf. Wer den Fußmarsch ins fünf Kilometer entfernte Warendorf wagen will, biegt neben dem Gasthof »Zur Post« ein und folgt einfach dem Wegweiser. Von festen Wirtschaftswegen schweift der Blick weit in die Parklandschaft. Hecken, Wälder und Weiden wechseln einander ab, hinter uralten Eichen lugen stolze Gehöfte hervor. Auf halbem Weg fallen die gepflegten Waldungen eines der größten Güter im Kreis Warendorf auf. Sie schließen ein Fleckchen ein, von dem ich in aller Bescheidenheit zu sagen wage, daß es das schönste im weiten Münsterland ist. Von anderen wird diese Empfindung als arg subjektiv bezeichnet, aber was soll's! Ich für mein Teil weiß, warum ich just hier am Wochenende vor Anker gehe und auf einem verfallenden Kotten den Duft von Heu und Vieh und Wäldern atme.

Wer Augen hat zu sehen und Ruhe hat zu laufen, kommt in Warendorf in ein Museum. Der Marktplatz mit den kunstvollen Giebeln reicher Patrizierhäuser strahlt trotz Autolärm noch etwas vom Überfluß der Hanse aus, und die Straßen bieten einen kostenlosen Kursus über bürgerliches Bauen vieler Jahrhunderte. Stille, verschachtelte Fachwerk-Winkel konkurrie-

Bewahr dir Gott vor Flöh und Lües,
Vor Wantzen, Razen und vor Mües,
Bewahrd er dir vor diese Tir,
So tu ich graduliren dir.
  Hausinschrift in Warendorf

< *Das Wort vom »Bauerndom« hat etwas Richtiges: Türme der Freckenhorster Stiftskirche*

ren mit den Denkmälern der Renaissance, und ich wüßte nicht, welchem Stil ich den Schönheitspreis verleihen sollte. Warendorf ist das selten glückliche Beispiel einer münsterländischen Kleinstadt, die es verstand, ihr historisches Stadtbild zu retten.

Ganz am anderen Ende von Freckenhorst, in der Bauerschaft Gronhorst, kommen wir ins stillste und waldreichste Plätzchen der Gegend. Wir fahren von Freckenhorst in Richtung Hoetmar und biegen am Wegweiser zum »Reiterhof Brinkmann« rechts ab. Wer Freude hat am Reiten oder Kutschwagenfahren, dem kann und wird hier geholfen werden. Wer dagegen nur Pferde beobachten, ein Häppchen essen oder abends vor dem offenen Kamin ein Gläschen trinken will, ist ebenfalls willkommen. Willkommen war ich auch jederzeit, wenn ich mit Freunden ein zartes Spanferkel oder im Herbst rechtzeitig vorbestellte Flugenten verspeisen wollte. Ich habe noch keinen gehört, der unzufrieden diese rustikale Stätte verlassen hätte. Daß bukolische Freuden keine Trübung erfahren, dafür sorgt resolut, flink und immer lächelnd die Chefin des Hauses.

Mit einer Geschichte aus der Bauerschaft Gronhorst errege ich allemalen den Verdacht, Jägerlatein erzählen zu wollen. Aber erstens bin ich kein Jäger, sondern schieße allenfalls mit der Kamera auf Tiere, und zweitens ist die Geschichte so wahr wie das ehrliche Platt in der Gegend. Ich fuhr an einem Sommerabend langsam über Gronhorsts vorbildlich ausgebaute Wirtschaftswege. Als ich innerhalb kürzester Zeit den vierten Bussard auf einem Weidepfahl sitzen sah, zweifelte ich an der Sehkraft meiner Augen. Bis zwölf oder dreizehn habe ich dann noch gezählt. Es hatte etwas Großartiges, im Abendlicht die stolzen Räuber lautlos kreisen oder gespannt auf Pfählen und Masten hocken zu sehen. Als ich damals fortfuhr, war ich fest überzeugt, einer Jahresversammlung der Bussarde beigewohnt zu haben. Die Ruhe an dieser Stelle, abseits der größeren Straßen, ist Gold wert. Josef Brinkmann, Big-Boß auf der Pferde-Bonanza, weist bereitwillig den Weg zur wenige Kilometer entfernten Gaststätte Jungmann. Hier regiert Tante Cilly. Unter ihrer sicheren Aufsicht trinken die Bauern der Umgebung mit Urlaubern aus Berlin, Münster oder Gelsenkirchen Korn und Bier, verspeisen die legendären Jungmann-Hähnchen oder brüllen dann und wann beim Preisskat um die Wette. Wer Glück hat, fällt auch Öhm Hennrich in die Hände. Er gehört zum Inventar, spricht prinzipiell nur Platt und würzt seine verschmitzten Aussprüche über das Leben listig grinsend mit den tollsten Bibelzitaten. Dem Quartiersuchenden bietet sich hier, schon auf Hoetmarer Territorium, eine gastliche Bleibe.

Ganz mutigen, also fortgeschrittenen Fußgängern mag der romantische Weg zum zauberhaft einsamen Gut Bockholt nordwestlich von Freckenhorst Freude bereiten. Es ist schwer zu finden, aber Einheimische beschreiben gern den Weg. Das prachtvolle, klar gegliederte weiße Fachwerk des mächtigen niederdeutschen Hofes leuchtet aus frischem Grün. Nur die Silos erinnern daran, daß es eigentlich ein Denkmal ist, was sich da auf einer Lichtung präsentiert. Der alte Spieker steht noch, und wie in grauer Vorzeit leben Mensch und Vieh unter einem riesigen Dach. Liebhaber von Gewaltmärschen gehen drei, vier oder auch fünf Stunden – je nach Tempo und Kondition – vom Gut Bockholt über Warendorf nach Freckenhorst zurück. Vorbei am naiven Standbild »Brot der Engel« führt der Weg durch dichte Wälder, aus denen dann und wann helle Lichtungen leuchten. In jedem Fall sollte eine gute Karte Schrittmacherdienste leisten. Kindern von vier bis zwölf gestattet der Ferienhof Schulze

Zeugnis vergangener Hanse-Herrlichkeit: Giebelhäuser am Markt in Warendorf

Niehues altersgemäße Freuden unter sorgsamer Aufsicht. Er liegt wieder in anderer Richtung, in der einsamen Bauerschaft Flintrup, und bietet den Eltern doppelten Effekt: Urlaub vom Kind fürs Kind. Ponyreiten, frische Luft und ländliche Abenteuer – ein echtes Paradies für Stadt-Steppkes.

Für die Rückfahrt von Freckenhorst läßt sich leicht eine empfehlenswerte Nebenstrecke finden. Über Warendorf geht es auf der B 64 bis zum ersten Abzweig links nach Everswinkel. Hier kann es dem zivil Fahrenden vergönnt sein, Damwild zu beobachten, das hin und wieder in diese Gegend wechselt. Vorbei an einer alten Mühle geht der Weg mitten in ein Pferdedorado. Zu beiden Seiten der baumbestandenen Chaussee grasen rassige Warmblüter und blitzblanke Ponys auf saftigen Weiden. Der Ponyhof »Georgenbruch« mit seiner uralten Geschichte zählt zu den westfälischen Musterbeispielen betrieblicher Umstellungen in der Landwirtschaft.

Weiter nach Everswinkel mit seinem neugestalteten Ortsmittelpunkt, dem Kirchplatz. Ein Blick auf das winzige Geburtshaus des Bekennerbischofs Johann Bernhard Brinkmann lohnt das Aussteigen. Die Mutter des späteren Bischofs, weiß seit Jahrzehnten der Volksmund zu berichten, habe beim Pfannekuchenbacken die Haustüre öffnen müssen, weil sonst der Pfannenstiel in der kleinen Küche keinen Platz gehabt habe. Vielleicht noch ein kleiner Exkurs in die Everswinkeler Pfarrkirche St. Magnus, eine der ältesten des Münsterlandes, mit ihrem reichgeschmückten Sakramentshäuschen, und dann heim nach Münster – wieder über Alverskirchen und Wolbeck.

Freckenhorst, verkündet blumig ein Prospekt, sei die »Perle des Landes der Roten Erde«. Gemach, gemach, Perlen gibt's viele. Aber Halbedelsteine sind auch ganz hübsch. Das weiß nicht nur der Graf im Ort. Er lebt bevorzugt im Schloß an der Kirche und gehört als Institution zu Freckenhorst. Beim sommerlichen Schützenfest läßt er wie zu Feudalzeiten den Hofstaat an sich vorüberdefilieren, beglückwünscht würdevoll die Majestäten und genießt für ein weiteres Jahr etwas vom Respekt einer Grauen Eminenz.

Die Hansestadt Warendorf ist ein Museum bürgerlichen Bauens in mehreren Jahrhunderten – originelles renoviertes Fachwerkhaus in der Altstadt

Stolzes Gehöft zwischen Wäldern und Weiden: der Ponyhof »Georgenbruch« bei Everswinkel

Nur das Verkehrsschild deutet auf »moderne Zeiten« – verschachtelter Fachwerkwinkel in Freckenhorst

Stromberg

RAUBRITTER, DER BURGBERG UND EIN SERPENTINEN-KNAPP

Böse Zungen behaupten, die Stromberger seien Abkömmlinge wüster Raubritter und deshalb wild. Biologisch-kritischer Prüfung hält diese Mär jedoch nicht stand. Denn der letzte fehdelustige Burggraf war Johann von Rüdenberg. Er starb um 1400. Über fast 600 Jahre kann selbst blaues Räuberblut sich nicht vererben... Wild sind die Stromberger nur an der Theke – wenn sie zuviel des klaren und hochprozentigen Beckumer Landweins genossen haben. Doch diese Angewohnheit haben andere Münsterländer auch.

Mein alter Griechisch-Lehrer im nahen Oelde – klein, glatzköpfig und wanderfreudig – hat recht behalten mit seiner Prophezeiung. Wenn wir an Wandertagen maulten: »Schon wieder Stromberg!«, dann winkte er ab: »Wartet mal nur. In einigen Jahren fahrt ihr bestimmt gern hierher!« Er lebt noch, der alte Herr, und er würde verschmitzt grinsend triumphieren, läse er die Liebeserklärung seines alten Sorgenkindes, die Liebeserklärung an den zauberhaften Ort im Kreise Beckum, der sich – 150 Meter hoch – über die Ausläufer der Beckumer Berge erstreckt.

Ganz oben liegt oder besser: lag die Burg, die das Schicksal Strombergs bestimmte. Für eine Höhenburg konnte kein besserer Standort gewählt werden. Wer hier saß, kontrollierte in aller Gemütsruhe die Ebene ringsum. Von der mächtigen Umfassungsmauer sind nur Reste erhalten, der starke Torturm und ein respektables Burgmannshaus mit dem tiefen Brunnen im Hof wecken Reminiszenzen an hochadelige Grafen. Johann von Rüdenberg, der berüchtigte, gilt in der Sage als letzter Burggraf von Stromberg.

Doch lassen wir die Geschichte beiseite. Für einen kurzen Ausflug ist sie zu kompliziert. Mein Auto steht auf dem Dorfplatz in Oberstromberg. Denn es gibt zwei Stromberg: Oben und unten je die Hälfte. In der alten Gastwirtschaft Meintrup mit ihrer verschwenderisch geschmückten Fachwerkfront serviert eine dralle Dirn herrliches Steak mit ländlichem Einschlag. Kulinarische Vorfreuden heizt sie an mit einem Schuß köstlichen Westfälisch: »Wollen Se einmal sso chut ssein und nehmen die Blumenvase weck?!« Bereitwillig erteilt sie Auskunft über die Burgbühne, auf der Idealisten seit Jahrzehnten Sommer für Sommer spielen. Ihr Betätigungsfeld ist weit: Von Goldoni über die bühnenreif gemachten Brüder Grimm bis zu Shakespeare erfassen sie fast die gesamte klassische Theaterliteratur. Die dreischiffige gotische Kreuzkirche von 1344 mit ihrem Portal und den wuchtigen Stufen, die Reste der Burgmauern, die Buchen dahinter sind als natürliche Kulisse ins Spiel einbezogen. Heute beherrscht die Kirche den Burgberg. Wo einst lebelustige Ritter würfelten, tranken und buhlten, beten jetzt Wallfahrer aus dem Münsterland. Denn Stromberg ist sommers vielbesuchter Pilgerort.

Durch das Tor des Paulusturms, der trotz seiner 500 Jahre gut erhalten ist, komme ich zum schönsten Fleckchen, das der Kreis Beckum kennt. Eine alte Nonne harkt saubere Muster in den Sand des Burghofs, zwei Maurer mischen »Speis« für Arbeiten an der Kirche, ansonsten bin ich allein. Steil fällt vor mir der Burgberg ab. Den höchsten »Gipfel« schmückt

Ein Erntewagen schwankt durchs Feld.
Im Garten riecht's nach Minze und Kamille.
Man sieht die Hitze.
Und man hört die Stille.
Wie klein ist heut die ganze Welt!
Wie groß und grenzenlos ist die Idylle...
　　　　　Erich Kästner

< *Schon von weitem zieht die Kreuzkirche auf dem Stromberger Burgberg die Blicke auf sich*

eine mächtig ausladende uralte Kastanie, die Bank davor soll nächtens schlangestehende Liebespaare anziehen. Am Horizont – in blauem Dunst – reihen die Berge des Sauerlandes sich aneinander. Zwischen mir und den fernen Hügeln die Ebene: Autos wie Spielzeug, kein Geräusch, die Felder kurios zerteilt, Zeugnisse münsterländischer Dickköpfigkeit, Straßen wie Mäander, Hecken und kleine Wäldchen, schwarzbuntes Vieh auf weiten Weiden – eine Spielzeugschachtel das Ganze, und eine meisterhafte Grafik, wenn ich ein wenig die Augen zukneife, um das stille Bild auf beherrschende Linien zu reduzieren.

Es ist verrückt, ich muß an Dreizehnlinden denken: »Wonnig ist's, an Frühlingstagen nach dem Wanderstab zu greifen...« Oder ist das gar nicht verrückt? Ich bin richtig ein bißchen ins Schwärmen geraten. Aber hier darf ich das. Denn mich sieht ja keiner, hoch oben, wo zwischen klobigen Ruinen und stolzen Buchen die Zeit stillzustehen scheint. Der Griechisch-Lehrer fällt mir ein, sein historischer Exkurs, der hier zu enden pflegte: »Die Mauern der im 18. Jahrhundert zerstörten Burg, aus dem brüchigen Stein der Gegend roh zusammen-gefügt, wurden früher als Steinbruch benutzt.« Wohl eine international verbreitete Unsitte, geht es mir durch den Kopf, siehe das Kolosseum in Rom!

Es fällt schwer, sich sattzusehen. Der Rauch der Erwitter Zementwerke malt einige zehn Kilometer entfernt phantasievolle Figuren in den Wolkenhimmel. Einen Augenblick lang haben sie scharfe Konturen, dann zerfließen sie langsam und lösen sich auf in schemenhafte Schwaden. Vor mir am Hang reizen Tausende von Pflaumenbäumen zum Zählen. Doch ich geb's bald auf, es sind zuviele. Stromberg, das Pflaumendorf – auch ein Attribut dieses von der Schöpfung bevorzugten Ortes. Auf die Pflaumen freilich, einst wichtige Erwerbsquelle Strombergs, sind die Bauern heute nicht mehr gut zu sprechen. »Die Preise sind von Jahr zu Jahr schlechter geworden. Jetzt lohnt sich das Pflücken kaum noch. Neue Kulturen anzulegen, hat gar keinen Sinn mehr«, klagt mir einer sein Leid.

Alte Pflaumenbäume, > verdorrt zum Teil, bestimmen das Gesicht Strombergs mit

Vom Burgberg bei Stromberg geht der Blick weit in die Ebene – bei guter Sicht bis zum Sauerland

Zurück durch den Paulus-Turm, auf nach Unterstromberg! Vorbei an sauber gestrichenen Fachwerkhäusern geht es, und dann stellen sich alpine Gefühle ein: Über waschechte Serpentinen hinab ins Tal. Hier unten, abseits der Straße, träumt ein verlassenes halbes Dorf. Mittendrin die Kneipe, Dorfkrug neben der Kirche, davor Tische und Stühle unter schattigen Bäumen. Der Berg, höre ich von der Wirtin, heißt hier unten »Knapp«. Man muß das mehrmals sagen, laut vor sich hin: Knapp.

Wanderer, kommst du nach Stromberg, so verkünde dorten, du habest selten ein besseres Ziel gefunden im weiten Münsterland. Versuchen wir's also mit dem Wandern. Festes Schuhwerk ist so wichtig wie ein Regenmantel, denn wenn der Himmel seine Schleusen öffnet, klebt lehmiger Boden wie Uhu an den Füßen. Kartenkundige Fußgänger sollten sich ein paar Stunden Zeit nehmen und den großen Rundweg wählen. Er kann sich messen mit jedem sauerländischen Wanderweg und hat einen großen Vorteil: Er liegt nur 49 Kilometer von Münster entfernt, zu erreichen über Warendorf, Westkirchen, Ostenfelde und Oelde. Mein Käfer braucht nie länger als eine Dreiviertelstunde, wenn er mich zu einem meiner häufigen Besuche nach Stromberg bringt.

Wem der ganze Rundweg zu lang ist, dem kann auch geholfen werden: Vom Dorfkrug in Unterstromberg aus braucht er nur am Friedhof entlang zu gehen, und in einer Viertelstunde ist er fern von jedem Autoverkehr. Das Bild hat sich gewandelt: Jetzt sieht der Wanderer die Kreuzkirche von unten. Wie eine Krone schmückt sie den Berg, flankiert von der Spitze des Paulusturms, eingefaßt von der dicken Burgmauer. Den Hang hoch ziehen sich die Pflaumenhaine. Zur Zeit der Blüte könnte man hier zum euphorischen Poeten werden. Und gerade in dieser Zeit hilft ein Kurzurlaub in Stromberg selbst dem abgespanntesten Manager auf die Beine! Kuschelige Betten bietet die Gastronomie des Orts, es gibt gar ein ADAC-Hotel.

Auf der Mitte zwischen Stromberg und Oelde, kurz hinter der Autobahnbrücke, liegt die »Waldlust«. Schinken gibt's da, manchmal Pflaumenkuchen, und Hähnchen jederzeit. Im Kaffeegarten läßt sich's trefflich rasten. Dieses strategisch günstig gelegene Restaurant ist der geeignete Stützpunkt für kleinere Märsche. Hinter dem Haus beginnt hügeliger Hochwald. Daß er Naturschutzgebiet ist, spricht für seine malerische Schönheit. Seltene Pflanzen gedeihen auf kalkhaltigem Boden, in den kleine Bäche wildromantische Schluchten gefressen haben. Der Frauenschuh findet sich da, jene seltene Blume, deren Schönheit ganz von selbst das Pflücken verbietet.

Die Bachschluchten waren es, die auf Wandertagen den pädagogischen Zeigefinger besorgter Studienräte in Aktion treten ließen: »Daß ihr mir nur nicht stürzt!« An einer Stelle hatten die Lehrer allen Grund zur Besorgnis: dort, wo ein verlassenes Strontianit-Bergwerk seit Generationen Karl-May-spielende Indianer anzieht, Jungens, die sich im undurchdringlichen Brombeer-Gestrüpp die Hosen zerreißen.

Im Ansichtskartenladen oben in Stromberg habe ich etwas entdeckt, das mir gar nicht gefällt: Der Ständer ist mit süßlich-bunten Bildern prall gefüllt: Start in die Saison. Aber der Schein trügt, so schlimm »saisont« sich das in Stromberg nicht. Die 3500 Einwohner – 70 Prozent katholisch, der Rest evangelisch, wie der Ortsprospekt für mitteilenswert hält – schielen noch nicht nach jeder Touristen-Mark. Ehe sie damit anfangen, sollte man hinfahren. Denn Stromberg ist eine Liebe wert.

Die Balkeninschrift weist das Haus in Stromberg als kirchliches Gebäude aus: das Pastorat

JESUS · MARIA · IOSEPH · DIE · HEILIGEN · GOTTES · INSGEMEIN
WÖLLEN · DIESES · HAUSES · BESCHUTER · SEYN
I: HENRICUS · STALLMAN   A: ELISABETA · NIEHÜSER

ANNO 1748
D: 18 · IUNŸ

Beckumer Berge und Oelde

SCHILDBÜRGER, GÖTZ UND DIE HEILIGE DER MÜTTERVEREINE

Im Kreis Beckum gelten die Bürger der Kreisstadt als nicht ganz helle. Schadenfroh gibt eine Generation der andern weiter, was an Schildbürgerstreichen in der Zementstadt alles geschah. Mag's auch nur Legende sein – voller Vergnügen hören die Oelder, die Ahlener oder die Ennigerloher immer wieder von der Sonnenuhr, die nicht mehr funktionieren konnte, weil Superkluge sie mit einem Dach als Regenschutz versehen hatten, oder vom Beckumer Pütt, der wackeren Burschen zum nassen Grab wurde, weil einer von ihnen im Denken nicht der Allerschnellste war.

Beckum – das Schilda des Münsterlandes. Die Kreisstädter tragen diesen Ruf mit Fassung und bärbeißiger Selbstironie. Auf ihrem »Hausberg«, dem Höxberg, steht ein dreißig Meter hoher Aussichtsturm, die Soester Warte. Von ihrer Spitze warnte einst in kriegerischen Zeiten ein Trompeter vor Feinden aus dem nahen Soest. Heute dient der schlanke Turm nicht mehr militärischen, sondern ausschließlich touristischen Zwecken. Wer innen die 129 Stufen erklimmt, kann unterwegs auf bunten Bildern die Schildbürgerstreiche beschmunzeln.

Oben angelangt, zaust der rauhe Wind meine letzten Haare. Mir als Münsterländer, als echtem Flachlandtiroler, kommen die 195 Höxberg-Meter – 165 Meter Berg und 30 Meter Turm – fast schon alpin vor. Unten liegt Beckum im Kessel, von Hügelketten gerahmt. Am Horizont ragen Zechentürme aus dem Dunst, der Haarstrang ist zu erkennen, Lippstadt, Soest, Hamm, der Teutoburger Wald. Andere Ziele, die kleine Blechschilder dem Auge weisen wollen, finde ich nicht, und im stillen bezichtige ich die Schildchen der Lüge. Aber was soll's, vor Zementwerken und Steinbrüchen, die das herbe Beckumer Land prägen, erfreuen schwarzweiße Tupfer das Auge: kräftiges Weidevieh, das von hier oben lächerlich klein wirkt. Der Rundblick – im Süden bis zum Sauerland, im Norden weit ins Münsterland – lohnt schon fast die Reise, die von Münster über Albersloh und Sendenhorst eine gute halbe Stunde dauert.

In zwei empfehlenswerten Restaurants am Höxberg, dem stadteigenen auf dem »Gipfel« und der »Windmühle« am Fuß des Hügels, wird mit Liebe gekocht und mit Appetit gespeist. Vom Windmüller geht die Mär, er trinke in einem Zug ein Bierglas aus – schneller als seine Gäste einen Schnaps. Eine ordentliche Leistung, denke ich, und kann's mir nicht verkneifen, die Probe aufs Exempel zu machen. Spazier- und Wanderwege rund um den alles überragenden Aussichtsturm führen in jede beliebige Richtung. Sie sind nicht ausgeschildert, aber dennoch unproblematisch, weil die Bergspitze als Orientierungspunkt weithin zu sehen ist.

Weiter geht's nach Herzfeld, einer Perle des Beckumer Landes. Vom Höxberg fahre ich ein Stück zurück in Richtung Beckum und wähle die Nebenstrecke, die über Herzfeld nach Lippstadt führt. Hecken und Obstbäume begrenzen den Weg. Die ersten Kilometer sind reine Berg- und Talfahrt, die Straße ist schlecht, um so schöner der Ausblick. Bald geht das Hügelland in die Ebene über. Kornfelder, Wald und Wiesen wechseln einander ab. Auffallend viele Eichen und Kopfweiden fliegen vorüber.

Die Meinung von den Reisezwecken,
Wird sich durchaus nicht immer decken,
Wie große Zeugen uns beweisen:
Man reise wohl, nur um zu reisen,
Meint Goethe, nicht um anzukommen.
Begeisterungskraft, genaugenommen,
Sei der ureigenste Gewinn.
Doch Seume, der – und zwar zu Fuß! –
Spazieren ging nach Syrakus,
Sah geistig-sportlich an die Dinge:
„'s würd besser gehn,
wenn man mehr ginge!"
  Eugen Roth

◁ *Mehr als zweihundert Jahre alt: reichgeschmücktes Portal eines Fachwerkhauses in Stromberg*

An einer Koppel mit gepflegten Warmblütern bringe ich einige Zuckerstückchen gut unter, dann ist Herzfeld erreicht. Der Ida-Dom beherrscht das Nest. Spitz ragt sein Turm in den Himmel. Die Anfänge der Kirche gehen zurück auf die hl. Ida. Sie war eine Nichte Karls des Großen, starb nach caritativem Leben im Jahre 825 und gilt, wie ein Herzfelder mir schmunzelnd verrät, als die Heilige der Müttervereine des Münsterlandes. Ein Kalksandsteinsarg, in dem Ida bis zur Heiligsprechung im Jahre 980 ruhte, ein kupfervergoldeter Schrein mit ihren Reliquien, wohl der siebte inzwischen, und eine naive Darstellung des Todeslagers der Heiligen sind augenfällige Zeugen frommer Geschichte. Der größte Kunstschatz der Kirche ist ein romanisches Kreuz mit Corpus aus dem 11. Jahrhundert.

Durch ein schmiedeeisernes Tor geht es zum Schloß Krassenstein bei Diestedde

Sauber und freundlich präsentiert sich Haus Dieck bei Westkirchen mit der alten Rentei

Langsam komme ich Oelde näher. In Diestedde geht's vorbei am Sandkastenbahnhof im Zuckerbäckerstil. In einer Kurve am Ortsende liegt Haus Krassenstein, eine ehemalige Wasserburg aus der zweiten Hälfte des 16. Jahrhunderts, die vermutlich im Besitz des Burggrafen aus dem nahen Stromberg war. Ich respektiere das Schild »Schule, Betreten untersagt« und bleibe vor der Zufahrt stehen. Einige Zigeuner, deren Lager ich vor dem Schulhof gesehen habe, sind ungenierter. Munter schwadronierend spazieren sie durchs schmiedeeiserne Tor. Mich erfreut aber auch der Blick von draußen auf den klassizistisch verfremdeten Renaissance-Bau.

Kurz hinter Diestedde wird es wieder hüglig. Die Beckumer Berge machen ihrem Namen alle Ehre und spielen Berg und Tal. Auf den obligatorischen Schulausflügen an Möhne- und Sorpesperre pflegen die Herren Lehrer spätestens an dieser Stelle heimatkundlich-geologische Bemerkungen einzuschieben und auf den tektonischen Aufbau der Gegend hinzuweisen, etwa auf den Mackenberg, den ich jetzt von Sünninghausen aus liegen sehe. Das Hügelchen, wie der Höxberg in flacher Umgebung Zwerg unter Riesen, birgt eine seltene Flora und ist Naturschutzgebiet.

Genau an der großen Straßenkreuzung, die kurz hinter Sünninghausen zum Halten zwingt, wartet links das Haus Heiringhoff auf Gäste – alte Landkneipe in Fachwerk und mit schattenspendenden Kastanien davor. Dann taucht Oelde auf, zuerst das Wahrzeichen: der stumpfe Turm der gotischen Pfarrkirche St. Johannes, deren Sakramentshäuschen mit reichem Filigran prunkt.

Oelde ist mehr als eine rasche Durchfahrt wert. Unter der Autobahn weg folge ich der Beschilderung Richtung Münster und frage nach Kramers Mühle. Hinter einem Damm liegt der Mühlenteich. Uns Kindern war er unerschöpfliches Reservoir für Stichlinge, Wasserpflanzen und merkwürdig gehörnte graue Schnecken, die unsere Aquarien mehr verunreinigten als zierten. Über dem Mühlenteich lag immer der Schleier im dichten Schilf verborgener Geheimnisse, und deshalb diente er bei Bedarf auch als eine Art Huronensee. Jetzt blühen auf der grün schimmernden Wasserfläche unzählige Teichrosen und täuschen mit Enten, schwarzen und weißen Schwänen, Ruhebänken und gepflegten Wegen Kurpark-Niveau vor. Aber halt: Täuschen tun sie nicht. Oelde ist zwar kein Kurort, aber der Stadtpark kann sich überall sehen lassen. Vom Mühlenteich ein kurzer Schwenker nach links, und ich bin mittendrin im Park, spaziere vorbei an der blitzblanken Badeanstalt – kleine Erfrischung gefällig? – zum Fasanengehege mit mehreren Fasanenarten, gurrenden Tauben und hochmütigen Pfauen, zum Wasserfall gleich nebenan oder zum Rosengarten ein Stückchen weiter, wo Tausende von Blüten schweren, süßlichen Duft verbreiten. Vor sattgrünen, gänseblümchengesprenkelten Rasenflächen wetteifern Blumenfelder in allen Farben um die Krone der Schönheit. Weiter rechts im Park macht eine stattliche Anzahl Damwild die zeitgenössische Mode der Wildgärten mit – hier freilich als eine Art Vorkämpfer schon seit Jahren. Der Stadtpark ist in seinen Ursprüngen die vierzig Jahre alte soziale Tat eines begabten Bürgermeisters. Viele Rentner sind dem schon halb vergessenen Politiker dankbar: In strohgedeckten Häuschen spielen sie ganze Nachmittage Skat. Und vermutlich wissen auch die Teenager immer noch die lauschigsten Stellen zu schätzen. Wir hatten als Zöglinge der örtlichen Mini-Penne jedenfalls unsere ersten Treffs in diesem Park. »Um drei bei Theodor« war die gängige Parole. Theodor kannte jeder, den kastanienmümmelnden stolzen Stammhirsch des Geheges. Und Theodor plauderte nicht, sehr zum Leidwesen der Schulleitung, deren kleinstädtische Strenge den Freuden des Lebens nicht sonderlich hold war, jedenfalls nicht, wenn Schüler sie genossen ...

Für den Fall, daß eine Tasse Kaffee mit dazugehörigen süßen Schleckereien den Ausflug krönen soll: Oelde nennt gepflegte Cafés sein eigen. Das Abendbier trinke ich trefflich in der »Götzklause«, dem schummrig-originellen Verkehrslokal der gerichts- und publizistiknotorischen »Lemia«-Forscher. »Lemia« ist die Abkürzung der berühmt-berüchtigten Verbalinjurie des alten Götz. Sie ist in dieser Kleinstadt Gegenstand halb ernster, halb humoriger Forschung, und der Götz-Wirt hat allerlei Dokumente gesammelt, die sich mit der deftigen Aufforderung »Leck mich ...« und ihrem weiten Umfeld beschäftigen.

Donnerwetter, es ist sehr spät geworden! Höxberg, Herzfeld, Diestedde, Oelde – das ist etwas für Leute mit Zeit. Auf Warendorf zu geht der Heimweg. Neue Hügel tauchen auf, unwiderruflich die letzten Ausläufer der Beckumer Berge. Das Bild wird wieder heimisch: Rotbuntes beginnt sich mit schwarzbuntem Vieh zu mischen. Ich fahre am Bungalow meines Lateinlehrers vorbei. Ungute Erinnerungen lassen mich sonst an dieser Stelle kräftig Gas geben. Heute vergess' ich's. Ich bin bei bester Laune. In Westkirchen, ehe ich am Ortsausgang rechts einen Blick auf den alten Adelssitz Haus Dieck werfe und über Freckenhorst – Wolbeck heimfahre, trinke ich ein Bier. Prost, Herr Lateinlehrer! Auf dem Land, beim Dämmerschoppen, ist die Welt noch in Ordnung.

Es gibt sie immer noch, die zuverlässigen Kaltblüter. Ehe der Traktor kam, waren sie aus der landwirtschaftlichen Arbeit nicht fortzudenken. Liebhaber mögen sie auch heute nicht missen, und auf schweren Böden ziehen sie oft genug den Karren „aus dem Dreck" ...

Auch im Verfall nicht ohne Reiz: Herrensitz Haus Byink in der Nähe von Davensberg im Kreis Lüdinghausen

Westerwinkel und Kurricker Berg

FRISCHE EIER, EIN SCHLOSS UND EIN UNENTDECKTER BERG

Am dritten Schild halte ich es nicht mehr aus. »Frische Eier« preist es mit ungelenk hingeklatschten Buchstaben die gesunden Hühnerprodukte an. Ein Tablett mit dreißig Stück verschwindet auf dem Rücksitz meines Wagens, und als ich mich verabschiede, bin ich über die üble Lage der deutschen Landwirtschaft besser im Bilde als je zuvor. »Ein Schkandal« sei das »mit die billigen Eierpreise«, verrät die Bäuerin mir noch. »Ja, ja«, nuschle ich mehr ins Unbestimmte, denn insgeheim denke ich daran, daß des Bauern schlechte Preise des Städters preiswertes Frühstück ausmachen. Insofern erscheint mir mein »Aus deutschen Landen frisch auf den Tisch«-Einkauf wie eine Subvention mit umgekehrten Vorzeichen.
Befriedigt fahre ich weiter auf die erste Station meines Ausfluges zu: das Dorf Davensberg. Durch die waldreichste Gegend des Münsterlandes, die Davert, bin ich über Hiltrup–Amelsbüren gekommen. So viel Wald wie hier, ganz in der Nähe von Münster, gibt's von Bocholt bis Rheda, von Ahlen bis Rheine nicht noch einmal. Daß Spukgeschichten über einen blutsaugenden Rentmeister heute noch die Runde machen, kann da nicht verwundern. Ich fahre irgendwo seitwärts in einen Feldweg, von denen es hier jede Menge gibt, und höre erst mal andächtig ein Morgenkonzert. In das Gezwitscher von Waldvögeln aller musikalischen Kulturstufen mischt ein erboster Häher sein Gekeife. Da fahre ich zurück.
Davensberg ist ein hübsches kleines Nest, an dem außer der gesunden Landluft zwei oder drei gut geführte Gasthöfe bemerkenswert sind. Ach ja, und vielleicht noch der Turm, der von der 1261 zum erstenmal erwähnten Burg Davensberg allein übriggeblieben ist. In einer der Kneipen, wo ich in Anpassung an die Landessitte zum Bier ein Körnchen (um ehrlich zu sein: zwei) vertilge, erfahre ich auch den Weg zum Haus Byink ganz in der Nähe: Aus Amelsbüren kommend, muß ich rechts nach Davensberg abbiegen und sofort hinter dem Bahndamm links einschwenken. Nach kurzer Fahrt taucht rechts der alte Landsitz auf, eine Anlage mit zwei beherrschenden Gebäuden. Hier träumt noch alles von der Vergangenheit, rote Ziegel und heller Sandstein sind angestrichen mit der Patina des Verfalls. Einem Wegearbeiter freilich erscheint die Gegenwart interessanter. Aufmerksam studiert er die »Bild«-Zeitung, schluckt Mord und Totschlag und erinnert mich daran, daß eine Reise ins unbekannte Münsterland im Grunde eine Art Flucht in die Idylle darstellt. Aber wenn man so angenehm flüchten kann ...
Wenige hundert Meter weiter ist die Idylle unterbrochen. Ich bin wieder auf der Hauptstraße. Unter der Bahn geht's durch, auf Ascheberg zu, dort über die Bundesstraße. Ich wähle die Nebenstrecke durchs Dorf in Richtung Herbern. Die Landstraße spielt Nürburgring, scharfe Kurven offenbaren ihren Vorteil: Sie zwingen zu geruhsamer Fahrt. Bäume zu beiden Seiten, dahinter plattes Land: Eine richtige gute alte Chaussee. Ein Stück läuft die neue Autobahn parallel, wird dann überquert, und da taucht schon Herbern auf. Schloß Westerwinkel ist das Ziel. Kurz vor der Kirche rechts hoch, immer der Nase nach, in eine Sackgasse hinein, und schon bin ich da. Wer hier das Auto nicht verläßt, gehört bestraft. Die stolze, gepflegte

Wer erst die Macht hat,
Gas zu geben,
Hat auch natürlich mehr
vom Leben:
Kunststätten kann,
wer fix und fleißig,
An einem Tage an die dreißig
Mitsamt den Kilometern fressen
Und gleich an Ort und Stell –
vergessen.

Eugen Roth

Wasserburg zwischen Wald und Weide träumt in der Mittagssonne. Ein tuckernder Trecker bildet die Geräuschkulisse; er übertönt Entengeschnatter und Spatzengetschilpe, sonst ist es still. Im grünen Gräftenwasser spielen Rotfedern, ein fetter Karpfen pflügt majestätisch langsam die ruhige Fläche.

Der Zutritt zum stolzen Innenhof ist nicht gestattet, aber der Rundgang um die gegen 1660 entstandene Burg belohnt den Fußgänger. Vier langgestreckte zweigeschossige Flügel umgeben breit hingelagert den rechteckigen Hof. An den vier Ecken springen kräftige Türme mit barocken Hauben in den inneren Gräftenring vor. Der Graben, der das Herrenhaus schützt, ist an drei Seiten von einem Erdwall begrenzt. Nur über einen Weg ist der Eingang in das wehrhafte Schloß möglich: Über die Brücke der Vorburg, von da über eine zweite Brücke und schließlich durch eine Toreinfahrt.

Brücken, Wall und Gräfte und der gesunde Baumbestand täuschen ebenso wie die Plastiken im Park darüber hinweg, daß feudale Zeiten der Vergangenheit angehören. In der Allee aus wuchtigen Eichen und Kastanien komme ich mit einem Opa ins Gespräch über den Lauf

Ein Ort, wo die bunte Zivilisation vergaß, sich zu etablieren: Schloß Westerwinkel bei Herbern

Wehrhafte Anlage mit Wall und Grabenring: Eingang zum Schloß Westerwinkel

der Welt. Immer noch liegt in seinen Worten der tiefe Respekt vor adliger Macht und Herrlichkeit, aber nüchtern trifft er seine Feststellung, daß es doch wohl aus sei mit dem Prunk. Er streichelt seinen Hund und erzählt mir wie zur Bestätigung, daß das riesige Schloß heute von der alten Gräfin und wenigen sie umgebenden Menschen bewohnt ist. Im übrigen sei das Gemäuer weitgehend ungenutzt. Am Schluß wird er fast gesellschaftskritisch, als er feststellt: »Tja, und andere müssen sich so behelfen...«

An der Gräfte setze ich mich noch ein wenig in die Sonne. Der Zauber dieses Platzes erschließt sich erst nach langem ruhigen Hinsehen ganz. Es paßt alles: Das Grün des Wassers, die Blumen, das Grau des Mauerwerks, das Blau des Himmels, auch das Schwanenpaar, das mit vier grauflaumigen Jungen stolz unter dem unteren Sims der Burg vorüberzieht. In Westerwinkel hat die sogenannte Zivilisation vergessen, sich schreiendbunt zu etablieren.

Ich fahre weiter, sonst muß ich befürchten, hier anzuwachsen. Wieder in Herbern, halte ich mich auf Walstedde zu und biege sofort in die zweite Straße rechts ein, bleibe 300 Meter auf ihr und halte mich auf der Querstraße wieder links. Nach wenigen Minuten Fahrt wird es

hüglig, Wallhecken ziehen sich teilend und ordnend über die Berge. Oben halte ich an, mir zu Füßen liegt die Ebene. Getreidefelder reichen bis zur Davert, hell leuchten sie auf. Ein Stück weiter zwingt eine Querstraße zu schweren Entscheidungen. Rechter wie linker Hand ist es schön – hier mitten im tiefsten Münsterland, in Bauerschaften mit wie zufällig hingestreuten Gehöften. Ich entscheide mich für links und folge dem Schild »Barsen-Mersch«. An einer Schmiede fahre ich vorüber. In Fahrtrichtung weiter geht's, bis zur nächsten Querstraße, dort links ab, nach 200 Metern wieder rechts, vorbei an sechs steil aufragenden Pappeln, über die Bahn hinweg und sofort hinter dem Schrankenwärterhäuschen wieder rechts.

Ein paar hundert Meter noch, und da sehe ich links den unentdeckten Kurricker Berg liegen, das Landschaftsschutzgebiet mit seltenen Blumen. Am Schild »Gesperrt, Privatweg« parke ich meinen Käfer, ein kurzes Stück zu Fuß, und die Gipfelbesteigung kann beginnen. Wildwuchernder Wald, von Ranken überzogen, spendet Schatten für ein Picknick. Erst muß ich noch einen wild kläffenden Köter abschütteln, einen riesigen schwarzen Promenaden-Teufel, dann habe ich meine Ruhe. Sanft fallen vor mir die Felder ab und gehen langsam in die Ebene über. Putzig klein kriechen Pferde und Kühe da unten. Rauchende Industrieschlote am Horizont schaffen reizvollen Kontrast zur Landschaft.

Ich pfeife vor mich hin, vielleicht zwanzig Takte, dann ist's aus mit Pfeifen und Ruhe und Picknick. Protzig fährt ein Hammer Wagen vor, der Herr Kapitän krabbelt heraus, dickleibig und im gelben Sweater. Aus dem Kofferraum zerrt er allerlei Gedöns, ich erkenne ein Flugzeug. Nach zehn Minuten nervensägendes Knattern, ein ferngesteuertes Flugzeug geht hoch. »Fährt der eigens so weit, um im Landschaftsschutzgebiet Krach zu schlagen!«, schießt es mir durch den Kopf. Sein Luxusweibchen hat sich derweil bis auf einen arg knappen Bikini entpellt, der Silberpudel der üppigen Blondine fegt ins Gebüsch. Ich bin für Kontraste, aber das ist mir zuviel. Adieu, ich geh' ja schon! Die Freizeiter sind allein.

Für die Rückfahrt nehme ich den alten Weg. Der dicke Gelbe und seine nicht minder pummlige Blonde gehen mir nicht aus dem Kopf. Im Dorfkrug in Davensberg spüle ich die beiden mit einem kräftigen Schluck hinunter. Und ärgere mich schon wieder, daß ich mich von ihnen habe verjagen lassen. Ich hätte mich auf die andere Seite des schönen Kurricker Berges schlagen sollen. Dorthin, wo es keine Start- und Landepiste für fernsteuernde Kanarienvögel und silberpudelstreichelnde halbnackte Vetteln gibt!

Wie ein zartes Aquarell wirkt die Parklandschaft beim Kurricker Berg im Morgendunst. Felder und Weiden sind durch Büsche zerteilt und gegliedert

Dülmen, Visbeck, Merfeld und Karthaus

WÄLDER, WILDLINGE UND DIE TRINKSITTEN DES TOLLEN BOMBERG

Dülmens Name geht um die Welt. Seit September 1969 glauben das jedenfalls einige lokalstolze Stadtväter. Einst waren es nur Anna Katharina Emmerick und die Wildpferde des Herzogs von Croy, die den Ruhm der kleinen Stadt übers Münsterland hinaustrugen. Bis dann tollkühne Männer mit ihren halbwilden Viechern den ersten (selbstverständlich unblutigen) Stierkampf Deutschlands dort ausfochten, solchermaßen südwestfranzösische Verfremdungseffekte ins verschwiegene Münsterland trugen und aus dem Zweiklang einen fortan liebevoll polierten Publicity-Dreiklang machten: die selige Nonne, die Pferde und der Stierkampf.

Daß Dülmen mehr bietet, daß die Stadt getrost mit vier werbewirksamen Attributen auftrumpfen sollte – das kann ich als Außenstehender vielleicht am besten beurteilen. Vier Monate hatte ich Zeit, den im Krieg zu 92 Prozent zerstörten Ort zu studieren, und nachdem ich mich – was in Dülmen unerläßlich erscheint – durch sämtliche Kneipen gekämpft hatte, durfte ich ein paar gute neue Freunde und eine genaue Kenntnis der stillen, schönen Umgebung mein eigen nennen. Diese Umgebung ist es, die mir beinah wichtiger erscheint als alles andere.

Die Fahrt von Münster schafft ein Blinder – Albachten, Appelhülsen, Buldern und schon bin ich da. Weil aber reizvolle Fleckchen abseits der Bundesstraßen zu liegen pflegen, achte ich kurz hinter Appelhülsen links auf ein wichtiges Schild: »Gestüt Haus Giesking«. Auf schmaler Asphalt-Piste geht es um tausend Ecken zu einem Gutshof, der am laufenden Band Trabernachwuchs liefert. Hier lebt eine Großgroßgroßnichte der Annette von Droste-Hülshoff mit ihrem pferdenarrischen Gatten, dessen Spitzentiere inzwischen zu kontinentalem Ruhm trabten. Der zauberhafte Blick über die Koppeln bis zum Horizont, der sich vom adlig angehauchten Wohnhaus bietet, ist »normalen« Besuchern nicht vergönnt. Immerhin ist es eine reine Freude, den wertvollen Pferden zuzusehen, wenn sie sich um eine bizarre, fast verdorrte Eiche mitten im Areal tummeln und mit ihren stolzen Bewegungen den plumperen Rindern etwas vormachen. Der Fußgänger hat hier gute Möglichkeiten zu gesunder Betätigung. Zurück nehme ich denselben Weg. Da ich die vielbefahrene B 51 meiden will, fahre ich nur das kurze Stück bis Buldern. Nicht nur nach Rom, auch nach Dülmen führen viele Wege. In Buldern bietet sich der Abzweig nach Hiddingsel an. Mitten im Dorf weist links ein Schild den Weg. In Hiddingsel sich aufzuhalten lohnt kaum. Einem Großvater, der mir die Backsteinkirche anpreist, vermag ich nicht recht zu glauben, und ich verlasse mich mehr auf mein eigenes Urteil: kein Nonplusultra sakralen Bauens. Aber was soll's, es geht um den Weg nach Dülmen, und der ist so halt schöner. Über Rödder geht die Reise, durch ein herbes Stückchen Münsterland, wo noch Stille herrscht und eine Zwergschule von besseren Zeiten träumt.

Da wo die Landstraße von Rödder wieder auf die Hauptstraße trifft – weiter rechts liegt Dülmen –, halte ich mich links, um nach Haus Visbeck zu kommen. Die Fahrt ist nicht kom-

Die Freiheit – da ist keine Not:
Wohin man schaut,
schlägt sie wer tot.
Doch, wie die Freizeit
totzuschlagen,
Muß man den Leuten eigens sagen.
   Eugen Roth

< *Meisterstück der Schmiedekunst: Gitter in der Kirche von Karthaus bei Dülmen*

pliziert, aber ein wenig links-rechts-links. Ein Bauer zeigt sie mir gern, ich fahre links und biege rechts ab, und dann bin ich da. Visbeck versteckt sich im waldreichsten Gebiet der Bauerschaft Dernekamp. Die Backsteinanlage, Rest einer im 17. Jahrhundert zerstörten Wasserburg, kuscht sich mit der kleinen Kapelle in einen reizvoll stillen Waldwinkel. Nur noch Überbleibsel der Unterburg mit einem quadratischen Eckturm sind zu sehen, aber voller Anerkennung muß ich den Herren von Visbeck bescheinigen, daß sie einen guten Riecher hatten, als sie sich hier niederließen. Kunsthistorisch ist der Platz bedeutungslos, nicht mal sonderlich gepflegte Anlagen oder ausnehmend hübsche Blumen verleihen ihm den Rang des Besonderen. Hauptdarsteller sind Feld, Wald und Wiese und eine Ruhe, die zum Wandern nötigt. Die Luft der verschwiegenen Kiefernwälder hat eine Würze, die mich genießerisch schnuppern läßt. Ich picknicke an einem Wegrand, ein älterer Herr in Holzschuhen gesellt sich leicht neugierig zu mir. Wir kommen ins halb platt, halb hochdeutsch geführte Gespräch, reden vom Vieh, vom Wetter und anderen wichtigen Dingen, und schließlich schaue ich voller Schreck zur Uhr, weil wir über eine Stunde verplaudert haben. Als ich weiterfahre, gebe ich dem Holzschuh-Mann recht: Wir Städter sind verrückt mit unserer Hetze.

Landluft macht hungrig, auf nach Dülmen! Einige gepflegte und daneben eine Reihe passabler Restaurants bieten sich an. Weil er ohnehin am Weg liegt, kehre ich in den »Merfelder Hof« an der Borkener Straße ein. Hier kocht der Alte häufig selbst, und nicht nur das: Er

Im Morgennebel ziehen die Dülmener Wildlinge durchs Bruch zur Tränke

Die Weite des Münsterlandes, am Horizont ein Kirchturm – Landschaft in der Nähe von Dülmen

zieht auch die Fasanen, die er zu erschwinglichen Preisen anbietet. Er gibt sich viel Mühe, der leidenschaftliche Koch Bernhard Waltring, und daß ich in vier Monaten, die ich bei ihm wohnte, über zwanzig Pfund zunahm, lag nicht nur an den kühlen Blonden, die ich bei ihm und mit ihm vertilgte ...

Frisch gestärkt visiere ich mein nächstes Ziel an: die Wildpferdebahn im Merfelder Bruch. Über Merfeld, an dessen Peripherie der Erbprinz von Croy domiziliert, fahre ich in Richtung Groß Reken. Nach einigen Kilometern liegt links der Eingang zu einem Naturdenkmal, das durch den Wildpferdefang zwar berühmt geworden ist, seinen eigentümlichen Reiz gleichwohl aus der Stille bezieht. Nicht der Besuch des Rummels im Mai ist am eindrucksvollsten, sondern der Gang allein, zu zweit oder zu dritt durch das streckenweise urwaldähnliche Gelände zwischen Moor und Heide. Da ziehen sie durchs Bruch, in langer Reihe, die zweihundert

zähen kleinen Pferde, fast ein Spuk im Dunst, der über dem Boden liegt. Ganz still werde ich vor diesem Bild, von dem ich erst später, als die Tiere im Wald verschwunden sind, sagen kann, daß es grandios war. Zweckfrei leben die Wildlinge unter dem harten Gesetz natürlicher Auslese. Sie sind einfach da, ein Anachronismus, der in unsere Tage gerettet wurde, weil es einen Mäzen gibt, der ein Stück Naturgeschichte bewahren will. Spielt es eine Rolle, daß von waschechten Wildlingen keine Rede sein kann, daß irgendwann einmal verwilderte Hauspferde ihr Blut und ihre Farbe unter die urtümlichen Wilden mischten?! Es ist gut, daß die zweihundert Hektar große Wildbahn im Sommer auch Einzelbesuchern offensteht.
Wer auf dem Familienausflug Kindern etwas bieten möchte, hat jetzt zwei gute Gelegenheiten dazu. Entweder er fährt vom Eingang zum Merfelder Bruch ein paar hundert Meter weiter, läßt sich vom humorvollen Wirt der Gastwirtschaft Schöttler ein paar gute Witze erzählen und schickt die Kinder zum Tollen in den Ponygarten, oder er fährt zurück auf Merfeld-Dülmen zu und biegt auf der Mitte zwischen beiden Orten rechts ab, um zum »Haus Waldfrieden« zu kommen. Dieses an Wochenenden freilich etwas unruhige Fleckchen ist näherer Betrachtung wert. Ein Märchenwald mit Groschengräbern erregt meine Aufmerksamkeit, und gerade will ich ihn mit dem Prädikat »Kitsch as Kitsch can« verdammen, da sehe ich, welche Freude die kleinen Steppkes an den bunten Märchenbildern haben, und ich ziehe insgeheim mein erwachsen-blasiertes Urteil zurück. Eine Eisen- und Autobahn und ein angeblich bissiger Esel geben mir weitere Gelegenheit, Kinderstudien zu treiben. Alles ist ganz nett gemacht, auch die Terrasse, auf der ich sitze. Noch besser gefällt mir aber der Fußweg, zu dem ich mich nach einer Tasse Kaffee aufraffe. Er führt durch den herzoglichen Wildpark nach Dülmen und kann – je nach Schrittzahl pro Sekunde – von einer auf drei Stunden ausgedehnt werden. Ich finde gepflegte Baumbestände vor, mache Abstecher nach allen Seiten. Je näher ich Dülmen komme, desto herzoglicher wird das Terrain. Ein Teich blinkt auf, fremdländische Bäume verraten künstliche Eingriffe. Damwild ist hier zuhaus, Wildpferde auch, Wasservögel und Schafe. Ein Paradies, an dessen Rand der alte Herzog lebt. Er ist Hauptfigur unzähliger Geschichten, die in Dülmen und den umliegenden Ortschaften kursieren und den uralt-ehrfürchtigen Schauer vor feudalen Häusern bis ins zwanzigste Jahrhundert gerettet haben.
Da wird mir dann etwa mitgeteilt, erst kürzlich, beim Grünholen für eine Hochzeitsfeier, seien junge Leute dem Herzog im Park begegnet. Ein »Zugroaster«, nicht ahnend, ein so hohes Tier vor sich zu haben, sei mit der obligatorischen Schnapspulle auf ihn zugegangen und habe den Widerstrebenden mit sanfter Gewalt zu einem Prösterchen genötigt: »Komm, Opa, trink einen mit!« In Dülmen findet man Derartiges bemerkenswert. Aber nicht jede kleine Stadt hat schließlich ihren eigenen Herzog!
Ich muß an die Rückfahrt denken. Ein Blick zur Uhr – soll ich, soll ich nicht? Ich soll und streife noch schnell die Domäne Karthaus bei Dülmen, das alte Karthäuser-Kloster Marienburg. Kurz vor Dülmens Ortsausgang nach Münster bin ich links abgebogen, ein Einheimischer hat mir im Nu den Weg gewiesen. Vom alten Kloster, heute Gutshof des Herzogs von Croy, sind nur Reste erhalten: Wirtschaftsgebäude, die reichgeschmückte Kirche mit dem bemerkenswerten Chorgestühl und dem selten schönen schmiedeeisernen Gitter aus der Mitte des 18. Jahrhunderts. Ach ja, und die Klosterschänke.

Die Herren von Visbeck hatten eine gute Nase: Rest der alten Burg unweit von Dülmen

Es ist Abend, der Magen knurrt. Ich konzentriere mich auf die Schänke, speise ordentlich (und schmackhaft) und lese an der Wand, daß hier Grafen und Ritter zu verkehren pflegten und daß die gastliche Stätte eine der ältesten dieses Genres im weiten Münsterland ist. Nun, Grafen und Ritter sind heute nicht mehr die häufigsten Gäste, aber ihre harten Trinksitten scheinen überliefert. Ein älterer Herr, Landwirt wohl, macht mir klar, daß er zu jedem Bier am Abend zwei Wacholder zu vertilgen pflegt – fünf Einheiten von der einen, zehn von der andern Sorte. Daß ich schließlich den Rückweg vom abseits gelegenen Karthaus zur B 51 finde, wundert mich selbst, nachdem ich bei dem trinkfesten Opa ein Stündchen Unterricht genommen habe. Aber ich komme glücklich auf die Bundesstraße, und als ich durch Buldern fahre, muß ich an den Tollen Bomberg denken. Er hat hier gelebt, und vielleicht hat er mit dem wüsten Saufen auf Karthaus begonnen. Mich jedenfalls sollte das nicht wundern!

Groß Reken und Schloß Lembeck

KEGELBRÜDER, SCHACHBRETTMUSTER UND EIN WENIG ITALIEN

Mit dem Käfer zu überholen, wenn die Kontrahenten wahre PS-Löwen steuern, ist nicht nur eine Kunst, sondern drückt auch aufs Selbstbewußtsein. Wenn dann noch eine Schlagersängerin aus dem Autoradio schamlos verkündet, sie liebe nur die schicken Männer mit den heißen Kisten, dann sollte man sich seitwärts auf die Landstraßen schlagen. Ich ziehe das auch vor. In Dülmen verlasse ich die von lauter rasenden Rennfahrern bevölkerte B 51 und fahre auf Merfeld zu. Hinter dem Dorf wird es einsamer – jetzt überhole ich. Trecker und dann und wann ein Pferdefuhrwerk untermauern, was mir gleich auffällt: Hier, auf der Straße nach Groß Reken, ist plattes Münsterland. Linden säumen den Weg, Birken, Gehöfte mit leuchtend roten Dächern. Graubraun reift der Weizen vor den Hügelchen am Horizont, lindgrün wartet der Hafer auf Sonne. Die Gerste wird schon goldgelb, wir stehen im Sommer. Groß Reken taucht auf. Vor dem Ortsschild – unterwegs habe ich genau fünf Autos gezählt – räkelt ein wohlgenährter Kaltblüter alle Viere. Sein Übermut steckt an, ich halte und versuche mit ihm in einen Dialog zu kommen. Er ignoriert mich aber und wälzt sich weiter wohlig im Gras. Einige hundert Meter weiter habe ich das frustrierende Erlebnis vergessen. Jetzt bin ich mitten in der zauberhaften Hügelwelt, die Straße gleicht einer Berg- und Talbahn. Das Panorama, für das kein Eintritt verlangt wird, ist genau fünfzig Kilometer von Münster entfernt. »Parkplatz«, verkündet links ein Schild. Die »Hohe Mark« ist erreicht, ein weitläufiger Naturpark von stiller, verhaltener Schönheit – Riesenwald mit ständig wechselndem Charakter.

Auf dem Parkplatz werde ich schnell belehrt, daß Romantik heutzutage eine höchst relative Angelegenheit ist. Röhrende Kegelbrüder finden das »Klasse hier«, einer spricht mich an. Für elf Uhr vormittags hat er schon ganz hübsch geladen: »Wa-Wa-Wandern is ja ganz schön, aber verdammt anstrengend. An der Theke is das besser!« Spricht's, läßt seine Hosenträger knallen und kriecht in den roten Ausflugsbulli. Es wird wieder still, jetzt heißt's laufen. Den Wald muß man riechen, dann begreift man, warum hier die Vögel so gesund vor sich hin parlieren.

Groß Reken liegt im Sonnenglast. Steil geht es bergab – für münsterländische Verhältnisse geradezu beängstigend. Eine alte Windmühle grüßt den Gast. Wie ein verrutschtes Schachbrettmuster ziehen die pastell getönten Felder sich über welliges Ackerland, von Büschen und Hecken und Baumgruppen gerahmt und geteilt. Schon bin ich mittendrin im Ort. Er blitzt vor Sauberkeit. Festgefügt behauptet im Zentrum das gotische Kirchlein seinen Platz an der Wegscheide. Es ist Museum geworden, doch es bleibt Orientierungspunkt – wie seit Jahrhunderten. Einundzwanzig Gasthöfe, einige davon empfehlenswert, sind für 5600 Einwohner eine ganze Menge. Aber sie nehmen viele Fremde auf.

Mein Wagen keucht zur Hartmannshöhe hinauf. Auf dem Gipfel hat sich ein Lokal etabliert. Im Fenster steht ein Pfau, ausgestopft natürlich. Die Landschaft hat sich auch geschmückt, nicht verschwenderisch wie der Pfau, eher ländlich-bieder, sommerlich grün und gelb und

---

Er hält die Welt für ein Bilderbuch mit Ansichtskartenserien. Die Landschaft belächelt den lauten Besuch. Sie weiß Bescheid. Sie weiß, die Zeit überdauert sogar die Ferien.
    Erich Kästner

< *Ein verschwiegenes Plätzchen: der Römersee bei Heiden im Kreis Borken*

Kleine Hügelchen spielen Schweiz – die Umgebung von Groß Reken bietet viel Abwechslung

blau. Weit geht der Blick ins Coesfeld-Billerbecker Land, bis zu den Baumbergen am Horizont. Birken rascheln, Wolken ziehen weiß über die Weite, Wälder wechseln mit Feldern. Im Lokal bin ich allein, es ist Freitag, die Ruhe vor dem Wochenendsturm. Schüchtern gibt eine Landmaid Auskunft. Sie kellnert und ist in adrettes Schwarzweiß gekleidet. Zum Römersee? Richtung Heiden soll ich fahren. Das sei sehr schön, fügt sie beim Servieren hinzu und errötet dabei sanft, als habe sie schon zuviel gesagt. Aber sie hat recht, der Weg nach Heiden, durch düstere Kiefernwälder, ist in der Tat schön. Überall sind Wandermöglichkeiten empfohlen.

Eine großkalibrige Meerske in Heiden schüttelt bedenkenvoll ihr Haupt, als ich nach dem Römersee frage: »Mein Chott, das is aber schwer zu ssagen.« So schwer, wie's zu sagen ist, ist's aber nicht zu finden. An der Straße nach Ramsdorf liegt das Wasser. Ich lobe meine gute Nase, hole meine Badehose hervor und springe in den sauberen See. Kaum bin ich bis zur

Im Schatten der Bäume suchen Mutter und Sohn Schutz vor der Mittagssonne – Kaltblüter bei Groß Reken

Mitte geschwommen, tauchen auf Mopeds junge Beatles auf. Als ihr Kofferradio voll aufgedreht ist, nehme ich Reißaus und fahre nach Heiden zurück. In dieser Gegend ist es besser, sich seitwärts in die Büsche zu verdrücken. Nur wenige Meter nach links oder rechts, dann ist die Natur keine Spielwiese mehr, wo jeder blökt, was er will.

Im Dorf Heiden halte ich mich Richtung Lembeck. Es sind nur neun Kilometer, aber die kurze Reise ist den Sprit mehr als wert. Von der platten Ebene geht's am Ende wieder in hügelige Gefilde. Einen Kilometer hinter Dorf Lembeck taucht Schloß Lembeck auf. Durch eine lange Kastanienallee komme ich auf den weitläufigen, aber architektonisch maßvollen Adelssitz

zu. Aus dem Schatten der Bäume taucht das Tor auf. In der Gräfte läßt sich unter grüner Brühe das Wasser nur vermuten. In Geschwaderformation zieht eine Ente mit ihren flaumig molligen Kindern Streifen in den grünen Wasserteppich.

Was die Herren Grafen sich einst als Rahmen feudaler Repräsentation bauen ließen, kann heute gegen Eintrittsgeld besichtigt werden. Die Vorläufer des vor knapp 300 Jahren entstandenen Komplexes mit seiner peniblen symmetrischen Ordnung gehen ins 12. Jahrhundert zurück. Unter- und Oberburg, Park und Gräfte mimen ein wenig Italien und Barock und vornehme Würde. Doch Weiden, Eichen und muhende Kühe in rotbunter Bemalung wissen nichts von Schlaun, der auch hier seine glückliche Hand im Spiel hatte, von Putten und glanzvoller Vergangenheit. Jenseits der Burggräben ist nämlich wieder Münsterland. Was der Gestaltungswillen des Barock hervorgebracht hat und was ringsum die Natur als ihre Produkte präsentiert, ist dennoch zusammengewachsen. Ein Bild voller Reichtum und Schönheit. Lembeck grüßt mit seinen Türmchen aus dichten Baumwipfeln, als ich zurückfahre. Auf Groß Reken zu halte ich mich, die Umgehungsstraße erlaubt flottes Tempo. Aber unterwegs muß ich wieder abbiegen – nach Klein Reken, das sich anmutig ins Wiesental schmiegt. Ringsum träumen verlassene Heideflecken. Wacholderbüsche ragen wie Denkmäler auf.

Auf der Hauptstraße folge ich etwas weiter dem Schild »Wildpark«. Richtung Heiden verläuft die Straße jetzt über eine Brücke, der Eingang zum Park und zum Restaurant »Frankenhof« taucht auf. Wen es nicht stört, das Wildschweine und stolze Hirsche hinter trennendem Draht um Futter betteln, das in Automaten zu kaufen ist, der findet einen reichen Wildbestand vor. Er fragt sich vielleicht, was Esel und Bergziegen in einem Wildpark des Münsterlandes sollen und ob ein Märchenwald unbedingt dazugehört, aber er wird solche Konzessionen an den Geschmack des nahen Kohlenpotts verzeihen und zugeben, daß die Wildgehege zurückhaltend in die Natur eingebaut sind. Eine junge Lehrerin aus Wanne-Eickel, mit der ich ins Gespräch komme, äußert ähnliche Vorbehalte wie ich. Ihre Kinder lärmen bei den Wildschweinen umher, sie streichelt mit mir eine Damhirschkuh. Wir gehen ein Stückchen weiter, sie pflückt eine Kornblume. Die Kinder sind nur noch zu hören. Wir kommen so richtig ein bißchen ins Flirten. »Man müßte allein hier sein, die Kinder machen einen verrückt!«, sagt sie. Aber die Dame ist zu hübsch, der Zweck meiner Reise tritt mir zu sehr in den Hintergrund.

Ich verabschiede mich. Heiden, Groß Reken, Merfeld und Dülmen sind die Stationen der Rückfahrt. Der Autoverkehr wird stärker, ich komme auf die B 51, Motorenlärm und Benzingestank haben mich wieder. Ich fluche, doch was soll's! Mich hört ja keiner.

Barocke Architektur und münsterländische Kulturlandschaft sind bei Schloß Lembeck zusammengewachsen zu selten glücklicher Harmonie

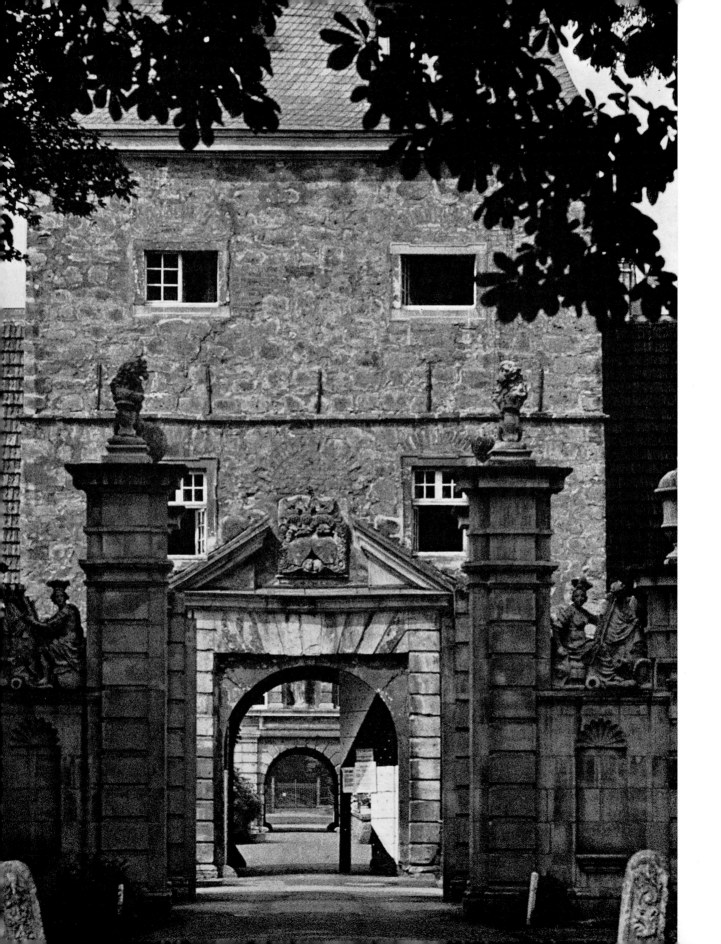

Haus Welbergen und Schnibbenpohl

EIN HERRENHAUS, EIN FERKEL UND DER SEE DER BLAUEN LIBELLEN

Die Zigarre schmeckt ihm. Er pafft dicke blaue Wolken, und das ist an diesem trüben Morgen das einzige Blau. Es nieselt ganz leicht, der Gärtner strahlt zufrieden »Ich find's zum Heulen, daß die Sonne nicht scheint«, wage ich zu bemerken. Aber da bin ich beim guten Gartengeist von Haus Welbergen an der falschen Adresse: »Gott sei Dank, daß es mal regnet«, widerspricht er mir. »Für sie ist das Wetter vielleicht nicht gut, aber wir können Wasser brauchen. Die Rasenflächen werden schon braun.« Spricht's, pafft weiter und macht sich daran, die Rosen zu schneiden. Eine Idylle, die Ziegelmauern vor dem Draußen schützen.
Über Burgsteinfurt bin ich gekommen. Dort habe ich von der B 54 einen Blick in das Schloß am Ortseingang geworfen, habe die Gräfte mit dem Fachwerk-Torhaus bewundert und bin kurz vor Ochtrup nach Haus Welbergen links abgebogen. Klein, beschaulich, still liegt das Wasserschloß da. Vom 16. bis zum 18. Jahrhundert ist es entstanden, verrät mir der Gärtner. Stolz fügt er hinzu, daß dafür aber nur »die Gravierung« spricht. »Wahrscheinlich ist das Schloß noch älter«, renommiert er, und wendet sich wieder den Rosen zu. Die rechteckige Anlage ist von einer Stiftung einfühlsam restauriert. Zugbrücke, Ecktürmchen, Grabenringe und Herrenhaus sind kein Monument, sie wirken durch ihre Bescheidenheit. Nur der plätschernde Brunnen in den geometrischen Rasenfeldern des Innenhofs bringt ein wenig Leben in das ruhige Bild.
Ich sitze auf einer blitzend weiß gestrichenen Bank und komme meditierend zu dem Schluß, daß in Klostergärten solche Ruhe herrschen müsse. Gegen die Vorstellung vom Kloster sprechen aber ein paar Kinder, die dem Gärtner ständig vor die Füße laufen. Ist ja auch egal, denke ich faul, und mache mich auf den Rundweg ums Schloß. Als ich nach einer halben Stunde wieder an der Zugbrücke stehe und noch einen Blick in den Hof von Haus Welbergen werfe, bin ich genau zwei Bauern, einer etwas verirrten Legehenne und drei Fröschen begegnet. Gott segne diesen stillen Flecken!
Weiter zum Landheim Rothenberge! Ich fahre das kurze Stück zurück zur Bundesstraße, überquere sie und denke mir, daß die Beschilderung schon stimmen wird. Im Dorf Welbergen ist die Route noch richtig und die Welt noch in Ordnung. Linden spenden Schatten, denn inzwischen hat die Sonne sich resolut durchgesetzt. Sie scheint auf ein Kirchlein, das eine Bruchsteinmauer rahmt, auf einen fülligen Pastor, der eilig durchs Dorf radelt, und auf zwei Viehhändler, die in einer Weide das Staunen lernen: Ein pfiffig quiekendes Ferkel fegt kreuz und quer durch Gras und Drähte und will sich partout nicht mit dem Schicksal des Schlachtopfers abfinden. Ich ergreife Partei und verfolge gespannt das ländliche Schauspiel. Irgendwo hinten verschwindet das Ferkel im Wald. Mich freut das. Die Viehhändler schimpfen. Standpunkte...
Durch Berg und Tal fahre ich jetzt, ich achte mehr auf Hügel und Eichenkämpe als auf den Weg, und dann ist es passiert: Verfahren! Gut, daß ich vor einem Kotten eine Bauerndeern finde, die das Malheur beheben hilft. Als ich endlich, schwindelerregende 96 Meter hoch, vor

Wir lagen auf der Wiese und baumelten mit der Seele. Der Himmel war weiß gefleckt; wenn man von der Sonne recht schön angebraten war, kam eine Wolke, ein leichter Wind lief daher, und es wurde ein wenig kühl. Ein Hund trottete über das Gras, dahinten.
Kurt Tucholsky

< *Durchblick in mehrere Höfe: das reich ausgestattete Tor zum Wasserschloß Lembeck*

Ein Platz beinahe klösterlicher Stille und Abgeschiedenheit: Haus Welbergen bei Ochtrup

der Villa Rothenberge stehe, muß ich der Deern bedauernd schlechten Geschmack bescheinigen. »Schön«, wie sie gemeint hatte, ist der Protz- und Zuckerbäckerbau ganz gewiß nicht, aber ein Gang über gut ausgeschilderte Spazierwege, Vogelgezwitscher und die Aussicht ins »Tal« entschädigen mich voll und ganz. Vom Gipfel hinab läuft mein Käfer allein. Vor einer verschwiegenen Landkneipe rollt er aus. Beim Eintreten sehe ich, daß der Briefkasten, der an der Ecke hängt, alle zwei Tage geleert wird. Da weiß ich, daß ich richtig bin. Drinnen zwischen dem Herdfeuer, einer kostbaren alten Standuhr und einem kitschigen Souvenir-Holzschuh aus dem nahen Hol'and begrüßt mich die Chefin des stattlichen Hofes Schulte-Sutrum.

Es riecht wohltuend ländlich, um nicht zu sagen nach Kuhstall, und meine Frage nach einem

Wie der Eingang zum Märchenschloß liegt das Torhaus von Schloß Burgsteinfurt über der Gräfte

Schinkenschnittchen ähnelt etwas dem Eulen-nach-Athen-tragen. Aus der Küche höre ich einen Ruf um Petersilie »zum Charnieren«, dann serviert die Bäuerin luftgetrockneten Schinken, in der roten Färbung so, wie ich ihn immer erträume, dazu selbstgebackenes Bauernbrot und ein Rührei aus goldgelben Landeiern. Ich glaube der Köchin aufs Wort, daß Schulte-Sutrums Schinkenschnittchen die besten der Gegend sind. Beim genießerischen Speisen registriere ich einen vornehmen schwarzen Zylinder, der einen Garderobenständer krönt, ein Plakat, das stolz den ersten Damenfußballkampf des nahen Dorfes Wettringen ankündigt, und den Briefträger, der einem jungen Burschen mit beamteter Stimme die postalische Bedeutung der Fernsprechbezirke erläutert. Ich kann mich nur schwer trennen von der alten, schattigen Küche.

Der Briefträger muß die Gegend kennen, denke ich, und richtig, er erklärt mir den Weg ins Naturschutzgebiet Schnibbenpohl: Ein Stück zurück in Richtung Rothenberge, dann links ab, auf eine Schule zu, wieder links, an einer Ziegelei vorbei bis zur großen Kreuzung; noch einmal links das Ganze, an dem Gehöft rechter Hand vorbei und in den ersten Asphaltweg rechts. Stur geradeaus geht die Fahrt, und nach einigen hundert Metern ist die Welt respektive der feste Pfad zu Ende. Ich bin am Eingang zum Schnibbenpohl. Der Wagen bleibt seitwärts stehen, und der Weg ins Paradies kostet einen Satz über stabilen Stacheldraht. Ein Schild weist darauf hin, daß hier die Natur geschützt ist – gewissermaßen von Amts wegen. Schon nach einigen Schritten habe ich mich in einen Urwald verirrt. Ein Teich blinkt auf, fast ein kleiner See. Es ist, als wollten die Naturschützer an diesem guten Beispiel demonstrieren, wie die Landschaft entstanden ist: Seen verlanden, wachsen langsam zu und trocknen zur Mitte aus, Moor entwickelt sich.

Im Schilfgürtel hockt ein merkwürdiger Wasservogel mit rotem Kopf und schwarzem Gefieder. Ruhig, ohne Mißtrauen beobachtet er mich. Sein Anblick, die Ruhe, Heidekraut, Birken und allerlei seltenes Vogelgetier lassen mich ein paar Blechfässer vergessen, die Banausen ins Wollgras geworfen haben. Moose und Farne polstern den Boden, Pilze schießen auf. Aus einer Kiefer flüchtet geräuschvoll eine fette Ringeltaube, dann ist es wieder still. Nur ein fern bellender Köter sorgt jetzt noch für die Geräuschkulisse. Ein idealer Platz für Verliebte und solche, die es werden wollen, schießt es mir durch den Kopf. Und da habe ich vollreife Himbeeren gefunden. »Guten Appetit!«, wünsche ich mir selbst und mache mich auf zu einem Streifzug durch den dichten Urwald.

Kurios geformte Kiefern, verkrüppelt, trocken zum Teil, scheinbar ohne Sinn und Ordnung gewachsen, wecken phantasievolle Assoziationen: Gnomen stehen da plötzlich, Zwerge und Riesen, urweltliche Tiere. Es wird heller, ich stehe am Waldrand. Über vollreifem Hafer flimmert der Sonnenglast in die tellerebene Weite. Mißtrauisch äugt ein Bauer, als er mich Waldläufer entdeckt. Ich kehre um und lege mich am Moorteich ins Gras. Blaue Libellen schwirren und tanzen und verschwinden im Schilf. Da kommt mir ein Gedanke: Ich taufe das dunkle Gewässer »See der blauen Libellen« und beschließe, es in die Sammlung meiner Lieblingsplätze aufzunehmen.

Fast hätte ich die Zeit vergessen. Ich mache mich auf und fahre den Weg zurück, den ich gekommen bin. An der Ziegelei vorbei halte ich mich auf Wettringen zu. Durch Berg und Tal führt die Reise wieder, Straßenverkehr findet kaum statt. An hohen Wegrändern sprießt Wiesenkerbel üppig und fett. Rainfarn und Mohn ergänzen die hochsommerliche Komposition. In Wettringen speise ich und habe, als ich nach dem Heimweg frage, meine Freude an einem Dorfburschen. Keck sitzt ein speckiger Hut auf seinem Kopf, und er duzt mich ganz ungeniert. Aus seinem Hemd sprießt rote Wolle, das goldrote Haupthaar quillt ebenso üppig unter seinem Hut hervor: »Ja, also nach Münster«, meint er, »nach Münster würde ich natürlich über Burgsteinfurt fahren. Dann mußt du erst ein Stück auf der B 54 bleiben, und dann kannst du links abbiegen in Richtung Nordwalde.« Ich befolge den Rat und nehme die Straße Nordwalde, Altenberge, Hohenholte, Roxel, Münster. Als ich am Aasee vorbeifahre, fällt mir mein »See der blauen Libellen« wieder ein, und ich beschließe, möglichst bald wieder hinzufahren. Wo das doch nur eine gute halbe Stunde dauert. Dreißig Minuten bis ins Paradies ...

Lärm und Hast sind vergessen am »See der blauen Libellen« im Naturschutzgebiet Schnibbenpohl nicht weit von Ochtrup

Heiliges Meer und Hopsten

TRINKFESTE TÖDDEN, STILLE WASSER UND DER LÄMMERSPRUNG

Die halbwilden Heidschnucken sind mindestens ebenso erschrocken wie ich. Meckernd stieben die kleinwüchsigen Tiere auseinander, und als ich sehe, wie die pechschwarzen Lämmer sich hüpfend in Sicherheit bringen, weiß ich, wie das Wort Lämmersprung entstanden ist. Nur ein Stückchen weiter scheuche ich wieder Tiere auf – diesmal Wasservögel, die sich ins dichte Ufergebüsch retten. Heide, Moor und Seen auf engster Fläche – ich bin mitten im Naturschutzgebiet Heiliges Meer bei Hopsten, einem der schönsten und urtümlichsten Fleckchen Erde, die das in dieser Hinsicht nicht gerade arme Münsterland kennt. Die Anfahrt ist kurz und bequem – Münster, Greven, Ibbenbüren, Püsselbüren, über die B 65 weg, durch Uffeln, wo Bruchsteinmauern auf den nahen Teuto deuten, über die Kanalbrücke bis zur nächsten großen Kreuzung und dort links. Schilder weisen den Weg nach Hopsten und zum Heiligen Meer.

Im Gasthof »Forsthaus« rechts an der Straße, am Eingang zum Naturschutzgebiet, komme ich mit einem alten Bauern ins Gespräch. Die Sage, die er mir erzählt, könnte im Lesebuch stehen, und er hat sie wohl schon so oft erzählt, daß er jetzt selbst dran glaubt: Als vor vielen Jahren ein riesiges Stück Land, rund hundertfünfzig Morgen groß, plötzlich einbrach, ist ein reiches Klostergut mit in die Tiefe gegangen, und aus dem Wasser des Großen Heiligen Meeres hört man vor Weihnachten und Ostern noch heute die Glocken läuten. Im stillen vermute ich, daß man da wohl sehr genau hinhorchen muß, aber der Bauer hat mir einen wertvollen Hinweis gegeben, wie die Seen und Tümpel dieser Gegend entstanden sind und noch heute bisweilen entstehen. Durch geologische Vorgänge tief in der Erde sackt das Land ein, und die runden Trichter füllen sich nach und nach mit Wasser.

Vom »Forsthaus« erreiche ich schnell den Weg ins Seengebiet. An der Biologischen Station vorbei führt der Rundweg um das Große Heilige Meer. Ich habe mich mit festem Schuhwerk ausgerüstet, denn die Ufer dieses größten natürlichen Sees in Westfalen sind mitunter recht matschig. Eine Taube gurrt, allerlei Vögel machen Marschmusik. Ich bin allein auf dem Weg, das Heilige Meer zählt zu den unberührten Stellen des Münsterlands. Vor einem Schafstall, wie der Hümmling sie kennt, mache ich halt. Das Strohdach zieht sich bis zum Boden, im Innern lagert ein großes Bündel Heidschnucken-Wolle. Im Winter bietet der Stall nachts den Schafen Schutz, häufig dient er dem Ablammen. Die Ruhe ist beinahe unwirklich. Bäume und Sträucher dämmen den Lärm der nahen Straße. Ständig wechselt das Landschaftsbild, Birkenbruchwald, Heide, Park, Moorgräben mit braun fließender Brühe, dazwischen Wiesen und Felder lassen keine Langeweile aufkommen. Besonders reizvoll wird der Blick, wenn der Uferweg sich dem See nähert und die weite, stille Wasserfläche durch das Laub schimmert.

An einem Bootshaus, in dem zwei lange flache Kähne liegen, mache ich Station. Ein paar Studenten aus Bonn, die hier ihre Forschung betreiben, nennen mir Maße: Sechzehn bis achtzehn Meter tief ist das Heilige Meer, doch der Boden ist von einer mitunter acht Meter

Zum Reisen taugen Menschen
Und Schwalben, Storch und Star.
Ein Hase soll ein Hase sein
Und bleiben, wo er war!
James Krüss

◁ *Launen der Natur: kurios gewachsene Bäume im »Urwald« des Naturschutzgebiets Schnibbenpohl*

starken Schlammschicht bedeckt. Die Länge geben die Studenten mir mit fünfhundertunddreißig, die Breite mit dreihundertundfünfzig Metern an. Voller Begeisterung erzählen die jungen Biologen vom Fischadler, der sich dann und wann im Sturzflug einen fetten Karpfen angelt, vom seltenen Eisvogel, der als blanker Farbklecks über den See schwirrt, von den vielerlei Wasservögeln und vom Dachs, der hier nächtliche Beute macht. Für grandios halten sie das abendliche Naturschauspiel, wenn Tausende von Staren sich von allen Seiten nähern, sich über dem Wasser zu einem riesigen Schwarm vereinigen und schließlich, nach vielen Ehrenrunden, ins Röhricht einfallen, um dort vor Räubern geschützt zu übernachten. Mit den Studenten kehre ich zur Biologischen Station zurück. Sie weisen mir den (beschilderten) Weg zum Erdfall-See, an dessen Entstehung die Menschen dieser Gegend noch heute mit Schaudern denken. Über die Landstraße geht es, und nach fünfzig Metern liegt rechts das Eingangstor zu diesem Abschnitt des Naturschutzgebiets. Bunte Tafeln machen mir unmißverständlich klar, daß ich Rauchen, Baden, Radfahren, Pflanzenpflücken und Angeln gefälligst zu unterlassen habe. Sofort rechts vom Tor ist schon der erste Erdfall-Kolk zu sehen. Nach zwanzig Metern geht es links ab, und wieder stolpere ich fast in einen Kolk, hinter dem sich ein flacher Tümpel erstreckt. Der Weg führt zum eigentlichen Ziel, dem Erdfallsee, dreihundertundzwanzig Meter lang und rund hundertfünfzig Meter breit. Im Volksmund heißt er »Erdrutsch«, und er entstand quasi über Nacht. Ältere Menschen in der Gegend von Hopsten können sich noch erinnern an jenen 14. April 1913, als sie urplötzlich vor einem monumentalen Naturereignis standen und tage- und nächtelang die Angst nicht verloren. Denn an diesem 14. April vor 55 Jahren stürzte die Erde ein.
Niemand hatte etwas gehört oder gesehen, und am nächsten Morgen stand ein Mann, der zufällig des Weges kam, wie erstarrt vor dem riesigen Loch. Als die Angst sich legte, kassierte der Besitzer des Fleckens Eintrittsgelder von Schaulustigen aus nah und fern, die Bahn spedierte in einem Sonderzug Neugierige zum Erdrutsch. Am Erdfall-See ist schon lange die Ruhe wieder eingekehrt. Nur ein Papierkorb erinnert an die Zivilisation, sonst tut die Gegend, als sei sie seit Jahrhunderten so gewesen. Völlig unbewegt liegt die Wasserfläche vor mir. Eine Ente zieht geruhsam ihre Bahn. Seerosen leuchten auf.
An der Forschungsstation vorbei komme ich zum »Forsthaus« zurück und fahre einige Kilometer weiter nach Hopsten, in das berühmte Töddendorf, wo einst der spätere Bischof und Sozialreformer von Ketteler am losen Leben seiner Schäflein fast verzweifelte und einer Runde von zechenden Tödden die Kindesleiche einer verbrecherischen Magd auf den Wirtshaustisch geschleudert haben soll. Heute sind auch in Hopsten die Verhältnisse normalisiert. Aus der Töddenzeit sind aber die bürgerlich-behäbigen Häuser der Weber und Händler geblieben, die mit ihren Waren durch die Lande reisten und zu unermeßlichem Reichtum kamen. Haus Nyland geht allen voran. Die gepflegten Töddenhäuser machen allein schon den Besuch reizvoll, ganz zu schweigen von den Gasthöfen. An der Kirche kehre ich ein, speise gut und habe das ungute Gefühl, daß die Hopstener das Wort Tödden bald nicht mehr hören können. Erst nach mehrfachem Anlauf kriege ich einen Herrn in mittleren Jahren zum Sprechen. Er sieht wohl ein, daß ein großer Ruf verpflichtet. »Ja, ja, die Tödden«, murmelt er und setzt sein Bierglas ab, »die Tödden, das waren Kerle...«

Die Abendsonne zaubert reich variierte geometrische Muster auf das Große Heilige Meer

Was folgt, ist die Geschichte eines Dorfes, von dessen Textilien die Welt einst sprach, die Geschichte von Reichtum und Aufstieg, aber auch von Armut und Verfall, die Geschichte von Säufern und Heiligen, von uralt-vornehmen und neureichen Tödden. Ein merkwürdiges Dorf, weiß Gott, und auch heute noch eine Landschaft, die mit ihrer Abgeschiedenheit zum Trinken verführen mag. Wir haben lange geschnackt, mein Gesprächspartner ist nicht mehr ganz nüchtern. Hat er Töddenblut in seinen Adern? Ich behalte meine Vermutung für mich und verabschiede mich. Mit Tödden sollte man besser nicht trinken...

. . . da weiß ich, wie das Wort Lämmersprung entstanden ist: Heidschnucken-Herde am Heiligen Meer

Zaghaft bricht die Sonne hervor: Licht- und Schattenspiel über dem Großen Heiligen Meer, Westfalens größtem natürlichen See

Auch heute noch ist der Dorfplatz an der Kirche Mittelpunkt von Hopsten, dem alten Töddendorf in der Heide

< Tümpel und Seen mit eigentümlicher Entstehungsgeschichte: am Erdfall-See dicht beim Großen Heiligen Meer

Bockhorst und Tatenhausen

KUHMIST, HÜHNERGACKERN UND DIE FACHWERKKNEIPE AM WALD

Regentropfen klatschen gegen die Autoscheibe, und zwei Minuten später kitzeln Sonnenstrahlen meine Nase. Aprilwetter im Juli, eine Art grün angestrichener Winter. Die Asphaltstraße spiegelt blau und weiß und grau, Wolkenfetzen huschen vor dem Wagen her. Zwei Hühner überlegen sich im allerletzten Moment, daß sie doch nicht totgefahren werden wollen. Laut gackernd flüchten sie über den Straßengraben in die Weide – genau vor die Hufe einer Fuchsstute, die just ihr staksiges Fohlen füttert. Über einem Weizenfeld taucht das Dorfkirchlein von Einen auf. Ein alter Kindervers fällt mir ein: »Die größte Stadt in Engelland ist London an der Themse, das kleinste Dorf im Münsterland ist Einen an der Ems.« Es ist nicht nur das kleinste, es ist auch ein schönes Dorf mit seiner Umgebung in der Emsniederung.

Ich bin auf dem Weg nach Tatenhausen. In Telgte habe ich die B 51 verlassen und die Nebenstrecke Einen–Milte gewählt. Es ist einer der kühlen Sommertage, wo das Wetter sich nicht so recht festlegen will. Der Blick wird ständig zum Himmel gelenkt, weil die Wolken ein grandioses Schauspiel aufführen mit weißen Wolkenbergen vor blauer Kulisse. Die Konturen der Landschaft sind scharf. Nichts flimmert, alles steht ganz fest gegründet da. Ein idealer Tag, um ins Münsterland zu fahren.

Milte ist durchquert, das Dorf, wo man endgültig auf dem platten Land ist, an Vinnenberg geht's vorbei, rechts ab auf Füchtorf zu. Kurz vor dem Dorf bleibt links Schloß Harkotten liegen, durch Füchtorf geht die Reise, am Ortsende links nach Versmold. Ich fahre durch eine Gegend, wo noch vor hundert Jahren das Moor gluckerte. Kartoffelfelder blühen und verheißen reiche Ernte. Rechts fliegt Gestüt »Lindenhof« vorüber, wo die Wunderstute Halla jedes Jahr mit schöner Regelmäßigkeit ein Prachtfohlen in die Welt setzt.

Schon bin ich in Versmold. Die Querstraße, auf die ich gestoßen bin, verfolge ich links über die Bahn bis zur Ampel, wieder links geht's, und ich bin auf dem Weg nach Bockhorst, das zu den schönsten Dörfern weit und breit gerechnet werden darf. Die Rindviecher in den sattgrünen Weiden sind schwarzbunt, »evangelische Kühe«, wie wir als Kinder ziemlich ahnungslos-dumm sagten. Ob ich noch im Münsterland bin, darüber mögen Gelehrte sich streiten.

Der Teutoburger Wald ist zum Greifen nahe. Hinspucken könnte man, so dicht nebenan begleitet er die Reise. Im Dorfkern von Bockhorst herrscht Fachwerk vor, zumindest hier hat man die Kirche im Dorf gelassen. Da blitzt alles vor Sauberkeit; ich unterliege der Versuchung, nach Bildern zu kramen: Eine Spielzeugschachtel ist das Nest, niedlich alles, blitzblank sogar, gepflegt und von Wohlhabenheit kündend: Mittendrin die Kirche und als akkurat schwarzweiß bemalte Klötzchen die Häuser drumherum.

Der Kirchplatz liegt wie ausgestorben, aber zweimal im Jahr, erfahre ich in der »Alten Schänke« dicht daneben, zweimal im Jahr treten sich hier kunstbeflissene Dörfler die Zehen ab, wenn nämlich der örtliche Gesangverein in dieser Spielzeugschachtel seine Konzerte gibt. Man sieht: Gesangvereine wissen, wo sie wirken.

Schwatte Küh giewt auk witte Miälk.
Et giff mähr bunte Küh äs eene.
He is so dumm äs't ächterste End von de Koh.
  Münsterländische Sprichwörter

< Verboten und deshalb reizvoll: Blick in den Innenhof des alten Wasserschlosses Tatenhausen

Derweil habe ich mich in der »Alten Schänke« eingerichtet. Nicht dörflerisch-deftig, sondern zeitgemäß-kultiviert präsentiert sich der Krug. Da schmeckt alles – ob flüssig oder in Form von Schinken und Wurst. Die Atmosphäre ist freundlich-gelockert, wie in allen Lokalen dieser Art. Hier pflegen sich eben Kenner und Genießer zu treffen, Menschen, die aus der Stadt ausreißen, um auf dem Land zu verschnaufen. Und junge Leute, die ihr Rendezvous in lukullische Bahnen münden lassen wollen. Drei Sterne also für die »Alte Schänke«!

Frisch gestärkt nach Tatenhausen. An der Kirche vorbei nehme ich die Nebenstrecke. »50 km« zwingt ein Schild zu angemessen gemütlichem Zockeltempo. Über die Bundesstraße weg geht's weiter geradeaus, immer dem Schild »Schloß Holtfeld« nach. Als »Nebenprodukt« will ich dieses Schlößchen mitnehmen. Es ist kein Juwel, aber ganz hübsch und einen Blick in den Innenhof wert.

Kurz hinter dem Schloß halte ich mich an der Gabelung scharf rechts und lasse wieder eins der im Kreis Halle noch so zahlreichen Fachwerkhäuser links liegen. Waldreichtum bestimmt das Gesicht der Gegend. Bald ist das Dörfchen Hörste erreicht. Vor dem Ort – Orientierungspunkt ist die Kirche – geht es links ab auf die Hauptstraße zu. Nur ein kurzes Stück benutze ich diese Strecke, und dann ist das Ziel erreicht: Schloß Tatenhausen.

Vor dem Portal stelle ich meinen Wagen ab, lese das Schild »Bewohnter Privatbesitz, keine Besichtigungen« und memoriere: Die Grafen von Korff-Schmising sind die Besitzer, und sie leben noch heute hier. Ich sehe Jahreszahlen: 1671 und 1740. Putz bröckelt vom altersgefärbten Mauerwerk, romantisch-verfallen lugen der Torbau und das Schloß hinter Kastanien und Linden hervor. Es ist vorbei mit feudalen Adelszeiten, prunkvolle Hofhaltung gehört längst vergangenen Zeiten an, aber noch im Verfall ist Tatenhausen schön. Merkwürdig magisch zieht es an, und ich werfe einen verbotenen (und deshalb reizvollen) Blick in den weitläufigen Besitz.

Saftiges Grün ums Schloß, großzügige Wirtschaftsgebäude, ein Schwanenpaar auf der Gräfte, das mit seinen fünf Jungen stolz spazierenfährt und mich ankeift, als ich näherkomme. »Na ja«, denke ich, »Elternstolz!« Die Schloßglocke bimmelt blechern – für mich der Startschuß zu einem ausgedehnten Marsch durch den Tatenhauser Wald. Ich finde ein Tor zum Park. Es ist verriegelt wie das Tor zum Märchenschloß. Ein Bach schäumt hinter winzigen Wasserschnellen. Fische springen aus dem sauberen Wasser hoch. Weit und breit kein Mensch, ich setzte mich. Und sitze gerade, da kreischt mit ohrenbetäubendem Lärm eine Düsenjägerstaffel über die Baumwipfel. Ein Eichelhäher schimpft. Meint er mich oder die Düsenmaschinen? Wenn er die silbernen Riesenvögel meint, bin ich bereit mitzuschimpfen.

Nach einer halben Stunde habe ich eine Bank gefunden. Vor mir reift ein Weizenfeld, hinter mir habe ich den Wald. Aus kräftigen Eichen leuchtet ziegelrot ein Dach. Plötzlich steht ein Junge vor mir: »Onkel, warum schreibst Du?« Er findet mich komisch, für ihn ist das zauberhafte Plätzchen nichts weiter als alltägliche Umwelt, denn er ist in dem Kotten dort vorn zuhause. Ich gehe mit ihm und werde zu einem Glas Milch eingeladen. Daß es sowas noch gibt... Es stinkt wohltuend nach Kuhmist, Hühner gackern, mit stolzgeschwellter Brust kräht ein Hahn.

Kurz hinter dem Kotten halte ich mich rechts, marschiere wieder am Bach entlang, der in die Gräfte von Tatenhausen mündet. Wildenten gehen erschrocken hoch. An einem Strudel

Spielzeugschachtel – liebevoll gepflegt und sauber gewaschen: Fachwerkhäuser an der Kirche in Bockhorst

Bockhorst – das Musterdorf im grünen Landkreis Halle in Westfalen

hocke ich mich nieder und versuche wie ein kleiner Junge das Wasser zu stauen. Als zwei junge Mädchen vorbeiradeln, komme ich mir wie ertappt vor. Eine lange Kastanienallee zeichnet den Weg vor, der Wald sorgt für kostenlose Sommerfrische-Luft. Am Ende der Allee ist die Welt nicht mit Brettern vernagelt, aber dafür mit Draht versperrt. Ich muß mich links halten, passiere ein rotes Hexenhäuschen mit der Jahreszahl 1701, lasse mich von einem Köter anbellen und bin nach genau einer Stunde wieder am Schloß. Zunächst weisen nur Verbotsschilder und die Gräfte mit Enten darauf hin, aber von der Straße aus sehe ich schließlich wieder das romantische Gemäuer. Gegenüber, im Gasthof Tatenhausen, bei einer Tasse Kaffee, wird mir bewußt, daß ich einen der schönsten Spaziergänge seit langem hinter mir habe – nicht nur, weil vom ungewohnten Laufen die Füße weh tun.

Ich muß zurück, fahre diesmal direkt nach Versmold und nehme wieder die alte Strecke Füchtorf–Milte. In Milte, am Ortsende nach Einen, kommt mir ein Geheimtip in den Sinn, den gute Freunde mir vor Jahren gaben: Mutter Geismann, die Fachwerkkneipe am Wald, wo es nach Schlachtfesten herrliches Wurstebrot gibt, wo man auch im Räuberzivil willkommen ist und wo dem Vernehmen nach ein Bierkutscher seine Ladung nicht loswerden konnte, weil Mutter Geismann erst den wildgewordenen Bullen einfangen mußte. Ich setze mich, es sind schon Gäste da – Lehrer, die den letzten Schultag begießen. Mit eineinhalb Ohren horche ich hin, registriere ihre üblichen Klagen. Dabei haben sie doch Ferien, und ich muß zurück und schreiben, was ich auf dem Weg nach und von Tatenhausen erlebt habe. Zum Beispiel, daß ich mich mit den Lehrern zusammengesetzt habe, daß wir am Ende vor lauter Korn und Bier einander duzten, daß wir Mutter Geismann in unserer Mitte hatten und andächtig ihrer Geschichte vom Landstreicher-Ehepaar »Adam und Eva« lauschten und daß wir schließlich platt »kürten« wie die Wirtin auch und das alles so herrlich fanden, daß wir noch eine Runde bestellten und immer noch eine. Ach ja, und daß ich fast vergessen hätte, nach Hause zu fahren.

Akkurates schwarzweißes Fachwerk bestimmt das Gesicht der Gegend mit: Gehöft in der Nähe von Tatenhausen

INHALT

Loburg, Vinnenberg und Harkotten	SCHÜTZENFESTE, EINE OASE UND BAROCKE TUPFER	3
Ostenfelde	SEKT AUF GRÜNER WEIDE, RAMZES UND DAS TAL DER LIEBE	11
Freckenhorst und Warendorf	PILEPOGGEN, DIE GRAUE EMINENZ UND DER HALBEDELSTEIN	17
Stromberg	RAUBRITTER, DER BURGBERG UND EIN SERPENTINEN-KNAPP	25
Beckumer Berge und Oelde	SCHILDBÜRGER, GÖTZ UND DIE HEILIGE DER MÜTTERVEREINE	31
Westerwinkel und Kurricker Berg	FRISCHE EIER, EIN SCHLOSS UND EIN UNENTDECKTER BERG	37
Dülmen, Visbeck, Merfeld und Karthaus	WÄLDER, WILDLINGE UND DIE TRINKSITTEN DES TOLLEN BOMBERG	43
Groß Reken und Schloß Lembeck	KEGELBRÜDER, SCHACHBRETTMUSTER UND EIN WENIG ITALIEN	49
Haus Welbergen und Schnibbenpohl	EIN HERRENHAUS, EIN FERKEL UND DER SEE DER BLAUEN LIBELLEN	55
Heiliges Meer und Hopsten	TRINKFESTE TÖDDEN, STILLE WASSER UND DER LÄMMERSPRUNG	61
Bockhorst und Tatenhausen	KUHMIST, HÜHNERGACKERN UND DIE FACHWERKKNEIPE AM WALD	69

> *Die ausgedehnten Wälder um das romantische Wasserschloß Tatenhausen zwischen Versmold und Halle in Westfalen laden ein zum Wandern*

Wo Lukullus Platt spricht
Neue Streifzüge durch das Münsterland

Ein Buch von Rainer A. Krewerth
in gleicher Ausstattung wie dieses

Ganz persönlich, ganz individuell schildert Rainer A. Krewerth auch in diesem Buch, was er auf seinen Entdeckungsfahrten zu neuen Zielen gesehen hat. Die sachlich fundierten Informationen kommen nicht zu kurz, doch wieder spielt das Berühmte, das oft und oft Genannte nur die Nebenrolle; die Hauptrolle fällt auch im „Lukullus" unbekannten und kaum entdeckten Orten zu. Die Streifzüge durch verschwiegene Winkel beginnen und enden dort, wo lukullisch-ländliche Genüsse locken: in Gasthöfen auf dem platten Land. Der Fotograf Dieter Rensing steuerte reizvolle Aufnahmen bei. So entstand in Text und Bild ein neues Loblied auf das Münsterland.

2. Auflage, 100 Seiten, 64 Fotos, 16,80 DM.
Verlag Aschendorff Münster. Bezug durch jede Buchhandlung

Grafische Gestaltung
Paul Paulsen BDG
Fotos: Seite 34, 48 und 50
Dieter Rensing, Münster,
Seite 44 und 47 Helmut Kleimann

© Aschendorff, Münster Westfalen, 1969 · Printed in Germany
Alle Rechte vorbehalten, insbesondere die des Nachdrucks,
der tontechnischen Wiedergabe und der Übersetzung.
Ohne schriftliche Zustimmung des Verlages ist es auch
nicht gestattet, dieses urheberrechtlich geschützte Werk
oder Teile daraus in einem photomechanischen oder sonstigen
Reproduktionsverfahren oder unter Verwendung anderer,
wie z. B. elektronischer, hydraulischer, mechanischer usw.
Systeme zu verarbeiten, zu vervielfältigen und zu verbreiten.
Aschendorffsche Buchdruckerei, Münster Westfalen, 1973
ISBN 3-402-06026-4